U0783115

数字经济概论

张　翔◎主编

吉林出版集团股份有限公司
全国百佳图书出版单位

图书在版编目（CIP）数据

数字经济概论 / 张翔主编 . -- 长春 : 吉林出版集
团股份有限公司 , 2024.4
ISBN 978-7-5731-5113-1

Ⅰ . ①数… Ⅱ . ①张… Ⅲ . ①信息经济 Ⅳ . ① F49

中国国家版本馆 CIP 数据核字 (2024) 第 111055 号

数字经济概论
SHUZI JINGJI GAILUN

主　　编	张　翔	
责任编辑	李　娇	
封面设计	张秋艳	
开　　本	710mm×1000mm	1/16
字　　数	210 千	
印　　张	12	
版　　次	2024 年 4 月第 1 版	
印　　次	2024 年 4 月第 1 次印刷	
印　　刷	天津和萱印刷有限公司	

出　　版	吉林出版集团股份有限公司
发　　行	吉林出版集团股份有限公司
地　　址	吉林省长春市福祉大路 5788 号
邮　　编	130000
电　　话	0431-81629968
邮　　箱	11915286@qq.com
书　　号	ISBN 978-7-5731-5113-1
定　　价	72.00 元

自从人类社会步入信息化时代，数字技术飞速进步，并得到广泛应用，之后，数字经济（Digital Economy）这一概念便应运而生。数字经济与农业时代和工业时代的经济模式存在显著差异，它代表了一种创新的经济、动能与业态，直接导致了社会和经济发生了全面且深入的变革。

现如今，数字化正在快速渗透传统产业，逐步开始产业数字化改革；此外，数字产业链和产业集群也在这一背景下不断地发展和壮大，这就是所谓的数字产业化。就比如，中国正在大力发展的5G网络、数据中心和工业互联网等各种各样的新型基础设施，其核心是构建的数字经济基础设施。数字经济的存在能够在很大程度上有效推动中国经济健康、快速发展，并能促进多种新业态诞生，还可以作为新的经济增长点有效促进中国经济的未来发展。

数字经济借助不断迭代发展的各类信息工具与先进的信息技术，使人类处理大数据的能力得到了显著提升，有效促进了人类经济的表现形态按照工业经济—信息经济—知识经济—智慧经济的发展状态进行转变，由此就可以大幅降低社会交易的成本，促进社会资源的配置效率，增加产品和产业的附加值，有效促进社会生产力的发展。一般而言，数字经济也被称为智能经济，它呈现出了工业4.0或后工业经济的根本特征，它是信息经济—知识经济—智慧经济的关键组成部分。对于中国来说，之所以能够在发展过程中实现超越性发展，主要是因为数字经济的发展所带来的历史机遇。

在农业经济和工业经济之后，数字经济成为主导社会的经济模式。它以数据资源为核心，将现代信息网络作为承载其存在的工具，并以信息通信技术的整合应用和全要素的数字化转型作为关键的驱动力，旨在推动新的经济形态实现公平与效率的更好融合。数字经济的快速发展、广泛的影响范围和深远的影响，正在促进当前社会的生产、生活和治理方式发生史无前例的发展与革新，它的存在能够有效推动全球要素资源的重塑与全球经济结构的重塑，还能够改变全球竞争格局。

本书第一章主要讲述数字经济的相关内容，分别从数字经济概述、数字经济技术基础、数字基础设施、数字经济的生态体系四个方面来展开讲述；第二章主要讲述数字经济理论，从三个方面展开讲述，分别是数据要素、数字经济的运行机理以及数字经济的测算；第三章主要讲述企业数字化转型，从四个方面展开叙述，分别是企业数字化转型概述、数字营销、数字化供应链管理以及企业组织模式数字化改革；第四章主要介绍了数字经济治理的内容，从数字经济治理的核心议题、数字经济平台治理、数字经济协同治理三个方面展开叙述；第五章讲述数字货币与数字税的相关内容，从三个方面展开叙述，分别是数字货币概述、主权数字货币以及数字税；第六章主要介绍数字金融的相关内容，从四个方面展开叙述，分别是数字金融的概念与价值、金融与数字化的融合、数字支付以及数字金融的风险与监管；第七章主要介绍数字贸易，从三个方面展开叙述，分别是数字贸易的兴起、数字贸易壁垒以及数字贸易规则；第八章主要讲述世界数字经济发展战略，从国际组织数字经济发展战略、主要国家数字经济发展战略以及中国数字经济发展战略三方面展开介绍。

在撰写本书的过程中，作者参考了大量的学术文献，得到了许多专家学者的帮助，在此表示真诚感谢。由于作者水平有限，书中难免有疏漏之处，希望广大同行及时指正。

张翔

2023 年 11 月

目 录

第一章　数字经济导论

数字经济的蓬勃发展，给经济社会带来了颠覆性影响。数字经济（Digital Economy）是继农业经济、工业经济之后的一种新的经济社会发展形态。无论是从生产组织形式，还是从生产要素等方面来看，数字经济都是一种与农业经济、工业经济截然不同的经济形态。本章主要讲述数字经济的相关内容，分别从数字经济概述、数字经济技术基础、数字基础设施、数字经济的生态体系四个方面来展开讲述。

第一节　数字经济概述

一、数字经济的概念

早在 20 世纪 90 年代，关于数字经济的提法就已经出现。被称为"数字经济之父"的是唐·塔普斯科特（Don Tapscott），他在《数字经济：智力互联时代的希望与风险》著作中，深入探讨了互联网在现代的社会经济施加的各种影响，并论述了在学术界和理论界中，数字经济这一概念的研究视野。之后，曼纽尔·卡斯特尔（Manuel Castells）所写的《信息时代：经济、社会与文化》和尼古拉斯·尼葛洛庞帝（Nicholas Negroponte）的《数字化生存》等相关书籍不断面世，这使得数字经济在全球范围内广为传播。若是以政府、组织这一层面为依据，我们可以发现，在 20 世纪 90 年代，数字经济这一概念是由经济合作与发展组织首次提出的。从那时起，各个国家的政府开始使用各种策略，使得数字经济开始以新动能的身份，促进国家的经济增长。直到 2008 年金融危机爆发后，众多国家为了迅速摆脱经济下滑的困境，才纷纷出台了数字经济战略。

在 21 世纪 10 年代之后，我国开始认识到数字经济在推动经济增长和产业结构升级等方面所起到的关键作用。就比如，在 2015 年 3 月的《政府工作报告》中，就明确提出了关于"互联网+"的行动计划。在 2016 年的 G20 峰会期间，更是由我国提议并签署了《二十国集团数字经济发展与合作倡议》，而这一文件中出现的"数字经济"一词，更是在我国官方文件中首次出现。在 2017 年发布的《政府工作报告》里明确表示："推动'互联网+'深入发展、促进数字经济加快成长，让企业广泛受益、群众普遍受惠。"① 在 2017 年 10 月，十九大报告中正式纳入了数字经济的内容。在"十三五"规划当中，我国政府明确提出了网络强国的国家策略。我国将经历从"网络大国"到"网络强国"的转型，同时也将从工业经济向数字经济和信息经济进行转型。但是，令人遗憾的是，数字经济的确切定义至今为止仍然是模糊的。在 2013 年，澳大利亚政府明确了数字经济的概念，即利用互联网、移动电话等先进的数字技术来实现经济社会的网络全球化。2015 年，欧洲议会认为数字经济是一个由众多持续增长的节点连接的多个层次或层级的复杂体系。2018 年 3 月，美国对数字经济进行了详细的定义，认为数字经济包括信息与通信技术（Information and Communications Technology，简写为 ICT）行业、计算机网络存在和运行所需的数字智能基础设施、通过计算机系统产生的数字交易（电子商务）以及数字经济用户创造和访问的数字内容（数字媒体）。虽然这一定义涵盖了所有的数字产品和服务，但它并没有涉及那些仅包含部分数字内容的产品和服务。

在我国，有学者提出，数字经济可以定义为基于知识，在数字技术的催化作用下，在制造、管理和流通领域以数字化方式表现的新经济形态。这一概念的定义涵盖了三个主要方面：从形式上看，它体现为商业经济活动逐渐走向数字化、网络化、电子化，也就是电子商务的快速崛起；从内容角度看，传统产业正逐步走向数字化，而新兴的数字化产业也呈现出旺盛的发展势头；从本质上看，在一个以创新为核心特点的知识型社会里，当基于 1 和 0 的数字技术达到某一发展水平时，信息的数字化将成为经济社会未来发展中不可变更的方向。

某些学者持有这样的观点：数字经济实际上是基于数字技术发展起来的经济形态，它是由数据信息在互联网上的普及而诞生的经济行为，其核心特点主要包

---

① 《政府工作报告学习笔记》编写组.《政府工作报告》学习笔记 [M]. 北京：中国言实出版社，2017.

括三个方面：首先，数字技术得到了广泛应用，进而极大地改变了经济环境和经济活动；其次，在现代信息网络环境下，经济活动逐渐增多；最后，信息技术不仅优化了经济结构，还极大地促进了经济的增长。

尽管前文所述的各种定义都有其特定的重点和范围，但现如今的人们普遍认为，数字经济是一种以数字技术为存在载体的经济形态。2016 年 G20 峰会发布的《二十国集团数字经济发展与合作倡议》中，就明确提道："数字经济是指以使用数字化的知识和信息作为关键生产要素、以现代信息网络作为重要载体、以信息通信技术的有效使用作为效率提升和经济结构优化的重要推动力的一系列经济活动。"[①]

人们普遍认为，数字经济有着狭义和广义两种定义。在狭义上，数字经济主要是那些全部或大部分通过数字产品或服务的商业模式的数字技术产生的产出，也就是核心部门或是数字部门；在广义上，数字化经济（Digitalized Economy）涵盖了所有依托于数字技术存在的经济行为。尽管这种定义使边界变得模糊，但它完全有能力涵盖所有基于数字技术的新兴业态。在中国的信息通信研究院，数字经济主要分为两部分：数字经济基础部分和数字经济融合部分，并且，这一分类受到大多数专家学者的认可。

二、数字经济的特点

数字经济与农业和工业经济截然不同，存在一些传统经济所不具备的独特属性，这些特性主要体现在以下几个关键方面：

（一）数字化

在数字经济的背景下，所有的信息都可以数字化地展现、传递和保存，而数据已经变成了推动经济增长的核心生产要素。观察生产要素，我们可以看到，农业经济的重点是土地，工业经济的重点是资本、煤炭和石油；相比之下，数字经济的重点则是数据。在数字经济的时代背景下，海量的数据不断涌现，伴随着移动互联网和物联网的飞速发展，人与人、人与物、物与物之间的互联互通已经成

---

① 中国网信网.二十国集团数字经济发展与合作倡议[EB/OL].（2016-9-29）[2023-11-8]. http://www.cac.gov.cn/2016-09/29/c_1119648520.htm?eqid=d0cb93b30000185800000006646c950a.

为可能，而这也直接导致数据资源和数据量急剧增加。全球的数据增长速度与大数据的摩尔定律相吻合，大概每隔两年会翻倍。世界经济论坛预测，到 2025 年，全球每天将产生约 463 个艾字节（EB）的数据。海量的数据及其处理和应用的需求直接导致了大数据这一概念的诞生，使得数据的重要性逐渐增加。数据资源将成为企业的核心竞争力，掌握了这些数据的企业便拥有了显著的优势，这对于国家同样适用。数据不仅是推动数字经济技术和模式创新的关键，而且，对其进行深入的分析、挖掘和应用能够创造庞大的价值。

（二）智能化

智能化是指在互联网、大数据、物联网等技术之下，事物能够主动地实现人类的需求的特性。为了实现智能化，我们需要积极应用算法，主要是因为，对于计算机程序的运行来说，其各项规则都是依托算法存在的。作为构建平台的核心技术，定价算法和推荐算法等在电子商务、新闻媒体、交通和医疗等多个领域都得到了广泛应用。

2015 年以来，人工智能研究在多个领域实现突破，数字经济进入以智能化为核心的发展阶段。目前，其商业模式还主要集中在单一的弱人工智能应用上，包括语音识别、自动驾驶、机器人写稿、图像识别、医疗辅助等诸多领域，具有代表性的公司有谷歌、百度、科大讯飞、阿里巴巴等。未来，智能化技术发展将对数字经济发展产生质变效应，推动人类生产生活方式的新变革。

借助共享时代所带来的便利，有效促进传统企业在数字化方面的转型发展，将成为未来社会上各企业共同的目标。在这个时代，我们可以利用个人、企业、政府乃至整个社会的未被利用的资源，通过互联网、大数据等先进的数字技术，促进传统企业的数字化转型。而传统企业采纳了"互联网＋企业"的合作模式，运用数据驱动的思维方式，构建了一个连接内部和外部资源、实现协作与共享的机制，通过实现各方面的互联互通，进行精细化的管理，从而推动传统企业向着智能化的方向发展。

（三）平台化

在数字经济中，互联网平台的模式被视为极为关键的组织方式，该类平台作为一种介于两个或更多群体之间的市场组织，其核心功能在于推动各群体间的互动和相互匹配。平台本身展现了极为强大的跨领域的网络效应，也就是说，对于用户来说，平台本身的产品或服务所彰显的价值，主要是基于平台另一方的用户数量决定的。例如，在网约车平台中，入驻司机越多，这一平台为消费者带来的价值也就越高。通过利用"云网端"这一新型基础设施，互联网平台成功地塑造了一个适应时代发展需求的商业环境，而这也使得在工业经济的供应链体系中，大型企业不能再阻碍信息流的流动，成功地缩小了供应商与消费者之间的距离，降低了双方的沟通成本，更容易实现大规模合作。就比如，阿里巴巴的存在为网络上交易的双方提供了合适的服务，并且，大量的个性化商业服务也是由存在于生态系统中的各类服务商提供的，通过数字经济，平台各方能够落实大规模的合作工作。在淘宝上，平台、消费者和商家三者共同组成了一个庞大的分工和协作体系。

（四）共享化

在共享的时代背景下，数字资源需要具备共享的特性。数字经济的一个主要发展趋势就是持续扩充数字信息资源，推动数字技术的发展，从而充分展现出数字技术资源的优秀价值。另外，数字技术与产业的深度融合也变得至关重要，这有助于塑造更为丰富的商业发展模式。数字技术与产业的深度融合逐步成为数字经济发展的关键方向，基于产业整合，我们可以有效推动产业数字化和智能化进程，逐步模糊产业的界限，进而促进产业实现开放性发展和产业之间价值网络的转型与升级。除此之外，在共享时代，数字经济的发展需要展现出较强的服务能力，这样才能更好地实现共享商业模式的多元化发展。将服务业和数字技术深度融合，创造出服务型数字产业，可以充分推动共享时代的数字经济发展，也能明确其未来发展方向，并充分展示数字经济所具备的实用性，同时，以数字技术为基础的各类服务产业也得到了迅速发展。

（五）跨界融合

随着数字经济的发展，跨界融合的特点日益突出。一是供给方和需求方的界限日益模糊，逐渐成为融合的"产消者"。在供给方面，企业有能力利用大数据技术来深入探索用户的需求，并积极分析用户的消费行为、消费习惯，进而根据用户需要开发产品。由于用户需求方面的透明度有了明显提升，消费者的参与度也在增加，并且各类新型消费模式不断涌现，企业也需要因时而变，对其原有的设计、推广和交付方式进行改革。二是对于人类来说，虚拟的网络世界与真实存在的物理世界的边界逐渐变得模糊。在数字科技的不断进步之下，网络世界已经摆脱了只是物理世界的虚拟反映的范畴，开始演变成真正适合人类的全新领域。并且，伴随着数字技术与物理领域的深度结合，也推动了物理世界的发展速度，使之接近网络世界的发展速度，进而极大地促进了人类社会的飞速发展。若是将网络世界与物理世界加以整合，就需要信息物理系统（CPS）发挥作用，它融合了非生物智能和生物智能，其核心思想是利用信息技术促使数据自动流动，进而通过信息流驱动技术、资金、人才等的流动，从而有效地解决了复杂制造系统中的不确定性问题。这一系统整合了各方面的环境感知、嵌入式系统，以及网络通信和控制等多个系统工程元素，促使各种物体能够具备计算、通信、远程协作等方面的能力，进一步加深计算能力与物理系统的联系。除此之外，现如今的人工智能、虚拟现实和增强现实等技术都在不断进步，现实存在的物理世界、虚拟的网络世界，以及真实的人类社会，此三者的界限将会在此过程中不断消减，并在不久的将来彻底消失，最终得以构建一个万物皆可互联互通的全新的世界。

三、数字经济的价值

尽管数字经济呈现出虚拟的特性，但是，需要注意的是，它并不是像数字泡沫那样的非理性繁荣，更多的是通过其独有的途径产生真实的价值。在对数字经济进行理解、实施数字化转型和推动数字经济发展的过程中，由于并不熟悉数字经济虚拟性的知识，人们很难正确认识自己掌握数字经济的价值和实现途径，而这种不熟悉也会在一定程度上影响数字化转型和数字经济的发展。近年来，世界范围内的 500 强公司的前列，大部分为从事与互联网相关的信息产业公司。这些公司不但创造了庞大的价值，也有效促进了数字产业的新形态的产生，甚至还在很大程度上促进了传统产业的发展，其中主要涵盖了制造业的数字化进程，这一过程也有效地促进了人们生活的变化。

（一）内涵价值

数字经济的核心价值在于，当经济活动的范围未得到拓展，资源和能源未见增长时，它的真实价值会得到增强，由此也就更能够凸显数字经济的虚拟特性。

1. 流程再造带来的价值

没有规则就无法构建一个完整的体系，没有明确的流程安排就无法进行有效管理。为了实现企业的数字化转型，我们需要利用数字技术将所有的业务控制整合到整个流程中，确保它们有序地进行。流程不仅仅是一种形式，还具有一定的权力，执行流程的步骤实际上就是科学地进行运营的步骤。如果流程是科学的，那么经营就会取得成效；如果操作流程不够严谨，那么在经营过程中就会出现疏忽；如果权力并未被纳入流程中，那么流程就毫无作用。最重要的工作是确保流程能够真实地呈现出企业业务的核心，避免关键的环节和节点在流程之外进行循环。数字化塑造流程的核心思想是利用5G技术的优势，将关键环节智能化，将端到端的数据流作为塑造基础，利用网络互联的特性，合理利用智能技术，并将其应用于各个环节，实现各个环节的紧密结合，从而充分缩短产品的研发周期，节能降耗，减少运营成本，提高产品质量和生产效率。在确保了整个制造过程都在数字化驱动的前提下，各项工作并不需要工作人员之间的直接接触就能自动完成。随着数字科技的进步，工作流程和各个环节都展现出了精确的预测、服务和供销特性，这将有助于消除传统市场经济中存在的盲目性运行表现，促使市场趋于稳定，进而显著降低交易成本，最终形成用户之间的协同效应。这不仅为生产者和消费者提供了决策上的帮助和高精度的服务，同时也显著提高了市场的自动化和智能化程度。数字化技术对这些流程和环节的优化，都会使数字经济产生更大的价值和影响。

2. 管理和治理升级带来的价值

数字化不仅是对流程的一次重塑，同时也是对管理体系的一次深刻变革。流程构成了管理的基础和前置条件，但在数字化背景下，监管和决策不仅仅是流程的简单匹配，还需要考虑数字化进程所影响的各种经济和社会关系。在数字经济与数字社会形成之后，企业的数字监管已经不再局限于之前极为有限的管理范围，而是充分集合社会数字治理、数字政府治理和民众数字化应用，在经济的发展中，展现出一个宏观与微观、内部与外部的数字监管和治理结构。为了与数字经济的新监管和治理模式相匹配，我们需要积极研究并开发合适的数字化监管和治理的工具。这不仅可以增强各种组织的数字化治理能力，还可以积极地对数字经济产生反馈，及时地识别和纠正企业在数字化发展过程中可能遇到的问题，并提供相应的建议，从而推动数字经济更好地发展，并为客户、社会和公众提供更为优质的服务。随着经济模式的转型发展，工业互联网平台正在推动数字经济和规模经济逐步发展为范围经济，从传统的单一品种、大规模、标准化的生产模式转向多品种、小批量、个性化、定制化的生产模式。工业互联网不仅促使劳动者、劳动对象、劳动工具这三者间的相互关系发生了转变，还促成了制造资源在更广泛的范围和更高的效率下进行网络化协作，也正因如此，使得生产模式、企业形态和业务模式等发生深刻变革。在企业的管理和治理方面，企业的管理决策链、生产制造链和客户服务链的响应将变得更加迅速、准确和高效，同时，能够构建出灵活、精准、快速的经济新模式，进而调整旧有的行政化监管模式，有效落实制度监管和数字智能管理的手段，减少无意义的繁复工作对人的消耗，减少监管成本的消耗，有效促进管理效率的提升。在数字化的监管和决策过程中，区块链、大数据等新兴技术展现出了生产关系的部分特性，这使得数字技术开始从只关注生产力的功能发展为生产力和生产关系并重，并从仅仅创造物质财富转向了辅助的监管和治理。数字化的监督、管理、治理实际上是数字技术背景下生产关系属性的反作用的反应，与常规的反应相比，这种反应会更迅速地显现出来。例如，在机器进行决策时，我们不需要再将其转化为人类的决策，因为这样做，人们可能会感到手忙脚乱，反应也会变得更加困难。假如量子计算技术得以诞生并被广泛应用，那么它有可能给整个社会带来一场前所未有的巨大变革，并有潜力引领人类文明走向全面的数字智能化。如果优质的智能网脑神经元能够有效地传递和循环相关信息，那么全球的数字智能化进程将会得到进一步的加速。

3. 数字化节能减排带来的价值

数据资源的重要性不仅仅在于物质和能源，更在于在数字技术的支持下，可以对它们进行合理、准确的配置。甚至在有些时候，数据还能替代部分资源，从而减少资源的浪费，提高其质量，并推动生态环境保护工作的开展。尽管数据无法直接制造汽车或房屋，但它确实可以以低成本、高效和高品质的方式辅助建造汽车和住宅，并为公众提供更加高效的服务。数据要素有能力通过极少的物质资源的使用，来为人们提供更丰富的物质资源与服务。在一定程度上，它还能够对传统的生产要素发挥替代作用。经过研究发现，在过去的 10 年里，由于互联网和移动支付的广泛应用，中国在传统线下支付基础设施的建设上投入的资金减少了 1 万亿元以上的消耗。电子商务的存在，使得人们不再需要对传统商业基础设施进行过多的投资，也极大地减少了对人力和资源的浪费。最终，数据要素通过比以往更少的投入，创造了更高的价值。数字化技术正逐渐被应用于实现碳中和，主要是因为，它通过数字化手段能够实现碳排放的减少。

（二）分享价值

数字经济的重点是数字产业化。伴随着数字经济核心产业的不断发展，社会中的不同行业也开始应用数字技术来开展经济活动，从而实现产业的数字化转型。

1. 为传统产业提供数字智能基础设施

伴随着数字经济的持续进步，传统的道路和网络基础设施将被整合到 5G、工业互联网、大数据中心等先进的智能技术设施中，从而创造出万物互联的环境，最终将构建出一个系统齐全、高效实用、智能环保、安全可靠的现代基础设施体系，这将为数据流动和技术创新提供强大的支撑，为产业互联网的运营提供稳固的框架，并将制造业企业连接成一个网状的拓扑结构。这样，原本彼此之间交集并不明显的企业也可以在同种技术支持的互信环境中工作。在相应的信息基础设施的应用当中，市场参与者可以更方便地接入网络，更快速地进入云端，并便捷地畅游数字世界，这不仅促使生产制造充分实现程控化、自动化、智能化，还能实现各项需求的快速供应，而这也能够充分解决市场中各个环节的互联互通和实时联动问题，还能保证各环节的公开、透明，便于市场监督，并有效加深各方合作。例如，5G 作为新型基础设施建设核心技术，能够为工业制造提供强大的支持，并满足各种行业和企业的独特需求。此外，还可以将传统的 3G 和 4G 技术应用转化为 5G 技术应用，并开发出更适合 5G 在工业领域的应用，目标是让 5G 真实地转变为一个智能化的工具以及产业的助力者。例如，在建设算力中心时，我们应当重视实际应用场景，并确保与主流生态系统的完全兼容，并努力降低开发的难度，以便吸引更多的应用和开发者参与其中，实现各方共同建设的目标，从而促进算力产业链的运行效率和收益的稳步提高，确保算力经济真正发挥其应有的作用，并进一步强化数字智能技术的基础设施，使最终产品的价值得到提升。

2.为实体经济输入数字智能技术

产业的数字化进程是基于现有的机械化和自动化，融合不同类型的产业的数字智能技术，将制造技术与数字技术有机结合，最终构建出一个完善的独特智能体系，有效促进产业的智能化水平得到提升，增加其价值。然而，数字经济和实体经济，尤其是制造业的核心结构，并不总是相互匹配的。为了避免产生所谓的"IT悖论"（对信息技术的持续投入增加，却并没有获得生产力同比例的增加，从而导致投入和产出之间的悖论），我们需要强调数据的信息化、设备的智能化，还需要重视员工、设备、管理存在的相容性。例如，工厂的内部网络想要促进IT（Information Technology，信息技术）和OT（Operational Technology，运营技术）的整合，开发集成的网关，推动工厂向扁平化、IP（Intellectual Property，知识产权）化、智能化的方向转变，实现机器的联网，活化生产线的数据。数字孪生属于数字智能技术的综合性应用，它利用感知和模仿等多种技术手段，创造出了与物理实体完全一致的虚拟对象，从而形成一个与物理实体完全一致的整体框架、资源配置、运营流程和最终效果，由此也就构成了一个动态同步的"平行世界"。通过虚拟和现实之间的持续互动、反馈、操作，当虚拟对象持续地感知和分析物理实体时，我们可以扩展数据模型，实现实时的数字表征和多维度的保真。这样，物理实体就能够接收和执行虚拟对象的指令，在闭环中，数字对象会对物理实体施加影响，从而减少传统意义上的物理实体面临的风险与造成的各种浪费。尽管工业设计在实际制造之前只是进行模拟，但这种设计实际上是整个制造流程中的一个环节。在设计方案被纳入制造流程之后，它就很难再进行调整和完善，只有当产品正式推出或开始使用时，才能进行检验。而此时，若是发现有问题并需要进行改进和完善，就必须将一切推翻重来，但是，这样做会耗费大量的时间、人力、物力、财力。与数字孪生有所差异的是，虚拟体和物理体之间的交互反馈，能够在试错到模拟择优的过程中，不耗费任何资源，总的来说，这属于新型生产力作用方式。在充分处理产品制造过程中出现的虚拟化、模拟化、个性化问题之后，我们就可以使产品根据用户的需求完成生产，并对其应用的具体场景进行模拟。之后，结合用户的反馈，进一步明确产品的各项特征，从而更加快速地实现产品的生产，也能够使最终成品更加契合用户的要求。值得注意的是，虚拟需要结合实际，否则对之后的生产制造不会有任何帮助。虚拟经济不仅拥有独特的逻辑和基本原则，还拥有与传统经济体系完全不同的运作机制和智慧。只有当我们在构建一个合适的虚拟实体的时候，能够严格遵守各方面要求，并保持它们之间的互动，物理现实才能根据逻辑、流程、资源、结构和成效展现出来。如果虚拟世界的设置不合理，那么按照这个虚拟方案构建的物理实体也很难获得成功。在描述现实世界时，我们经常采用小说、戏剧等艺术形式，最终创作出的艺术作品不仅源于现实，更艺术性地拔高了现实，为我们的精神世界带来启示。目前，我们通过感知和模拟物理现实来构建虚拟世界，并利用大量的数据、智能网络、技术手段等来创造虚拟世界，以期对现实物理世界进行分析、验证、调整、完善，然后按照理想的虚拟方案逐步改造现实世界。如果我们能够妥善运用数字孪生技术，那么数字经济、数字社会和智慧城市在效率和效果上都将得到显著的提升，这将为社会带来新的发展动力。

3. 运用数字技术盘活实体经济要素

首先，通过网络、平台和数据来进行资源的合理配置，能够以低成本和无能耗的方式扩展要素配置的范围，可以打破各类传统要素的束缚，刺激不同地域企业的闲置设备、能源和人才等各项资源展现活力，也能够更有效地对各种资源进行整合与衔接，还能够进一步完善产业链的组织分工、减少交易成本支出等。其次，数字化可以促进配置要素灵活性的发挥。它不只是为劳动、资本、技术等单一的要素带来了倍增的效益，同时也提高了各传统要素间的资源分配效率。通过将这些要素有序地整合到生产流程中，并采用网络化和分享式的制造方法，它将全面释放数据流通交易和数据红利，促使整个产业生态变得更为健康，且能够实现可持续发展。最后，通过灵活的资源分配，可以激发组织与个体的创新能力。我们需要尽快实现从以资本和劳动为核心向技术和服务为核心的转型。对于制造业，我们应进一步强化对自主创新能力的培养，积极推动现代制造服务业的进步，并强化与之对应的各类产品与商业模式的创新能力。同时，利用"智能定制""体验式销售"策略，我们可以升级消费场景，使得更多的用户需求能够得到满足，从而提高用户的青睐程度。

（三）包容价值

数字经济能够迅速崛起，主要是因为数字技术的广泛应用为消费者提供了更为便利的生活方式，使得消费者更加愿意接受数字化生活。与此同时，监管机构对数据管理的规范性也作出了规定，从而让消费者在数据的分享和应用方面更为包容。这种大量应用于各种数字产品和服务的方式，为我们提供了大量的数据资源和多种应用场景。以现如今的新能源汽车制造为例，任何一个禁止企业访问个人驾驶信息的国家都将面临发展该行业的困难。在医疗保健领域，人工智能应用的创新发展需要大量的 X 射线、CAT 扫描和其他诊断数据，并在此基础上不断迭代，从而更轻松地治疗病人。需要明确的一点是，在数字经济的发展和创新过程中，需要在用户的宽容态度中加快自我迭代的步伐，将大量提炼数据的思维转变为实际应用，并主动避免给用户带来潜在的数字侵权风险。在数字经济最初发展的时期，需要开发者和用户都对其充满研究探索的浓厚兴趣。但在其进一步的发展过程中，就必须严格遵循规范，做到不侵犯用户的权益，并通过技术和监管手段，使各项规定更加完善。得益于包容性和宽容度的发展历程，数字经济在其成长过程中展现出了互联与共享的特质。但由于数字经济的发展存在不平衡的问题，它仍然维持着竞争的态势，这使得数字经济呈现出多元竞争与包容共享并存的情况。对于数字经济来说，竞争的存在使其能够快速发展，而包容的存在则反映了数字经济所具备的共享特性。总的来说，随着数字经济的迅猛增长，就更有能力察觉和规避自己将会面临的风险，同时也需要考虑如何减轻其潜在的负面影响。在追求数字经济的成功的过程中，我们需要避免熵的增长和过多的折扣，以免得不偿失。在数字经济的发展过程中，我们必须始终保持对数字安全风险的警觉，重点关注并解决这一过程中出现的各种不平衡的问题，主动应对数字经济发展中可能出现的负面影响，使得数字经济真正发展成为一个包容和共享的经济体系。

1. 解决发展不平衡问题，追求共同价值

数字经济已经突破了传统市场规则的限制，特别是在主动和透明的交易模式以及相对均衡的信息权益方面，它赋予了市场参与者平等的地位，从本质上讲，这是一种基于共享的经济模式。然而，在实际的发展过程中，我们可以观察到，区域数字经济的发展路径呈现出同质化的趋势，而区域之间对关键资源的争夺也在进一步加剧数字经济发展的不均衡性。所以说，在确保数字经济得到广泛应用的前提下，对不同地区的数字经济产业发展进行深入的分析和评估是至关重要的。

对于数字经济在不同因素下存在的差异问题，我们可以采取措施加强数字经济的协同发展，促进各区域数字经济产业的紧密结合，使落后地区能够共享"数字红利"，从而提高数字经济在经济较弱的地区和行业中的影响力，并增加整体范围内的高质量数字经济份额；通过平台模式，我们可以对落后的产业进行改革，对其生产模式进行更新换代，并精确地控制产品的生产地域和销售方向，从而在市场中占据一席之地；我们有能力整合各种资源和要素，为经济落后的地区、边远的山区和弱势群体赋能，从而避免数字鸿沟的产生；通过这种方式，每一个经营实体都可以基于共同的利益而不断强化自身与系统内部的业务合作，实现各方协调发展，从而构建出价值创造的范围经济。这不仅可以促使企业价值和社会价值的协同作用得到充分发挥，而且，企业可以通过重点考虑商业行为和社会发展，展现出"共享价值"。这对企业来说，意味着将经济价值的创造与社会价值的创造有机结合，将企业的成功与社会的进步有效连接，促使商业价值和社会价值的总量显著增加，总的来说，这属于一种十分新颖的社会分配方式。根据共享价值的原则，企业的发展和社会的繁荣可以形成一个健康的循环，在此基础上也能够使企业获得长久的盈利。现如今，日益增多的公司已经开始专注于掌握共享价值的主导权，并将其作为企业战略最为关键之处。例如，腾讯始终将可持续的社会价值创新与消费互联网和产业互联网视为其所有业务的基石，坚定地向下发展，并与其他斑块建立紧密的联系，坚持进行互动，并提供支持，由此，就能够有效推动公司的持续成长。

2. 防止平台垄断和赢者通吃现象，追求包容价值

随着数字经济在现代社会的普及，催生了若干大型的数字平台企业，这些企业也对众多的商家、企业施加了良性影响，促使其不断进步，进一步加快了数字化的转型过程。众多的线下企业也需要利用这些平台来发展更多的用户，并对他们的采购和配送流程、管理水平等进行优化调整。对于平台企业来说，更多的需求方的存在能够有效降低平台企业的供应成本，还能进一步强化产品自身的吸引力，促使更多用户对产品产生需求，最终可能导致个别的公司和平台对该产品市场进行垄断，从而一家独大。为了避免互联网巨头独霸一方和资本无序膨胀的现象出现，最终导致社会不满和不稳定，政府有必要及时推出和实施反垄断政策，对不正当的竞争行为进行处理，保护市场的良性发展。我们还需努力避免不健康

的竞争和重复的建设，使数字化生态展现出金字塔的形态，从而切实推动平台模式向可持续方向发展。在监管机构的指导下，企业方和平台方应该强化对自身的约束，以实现互利共赢为目标。对于平台企业来说，它们依然需要大量的供应链和上下游合作伙伴来提供至关重要的支持。其中，众多的线下公司对于平台型企业仍有大量的需求，因此，最终将会形成一个以平台经济为核心的数字经济集群。这将促进平台、企业以及线上经济的优质发展。只有当我们充分认识数字经济发展存在的各种问题，才能够真正领略其中蕴含的真正价值。

3. 防范数字安全风险，追求熵减价值

随着大数据、云计算、物联网和移动互联等多种技术的融合和发展，网络安全风险情况逐渐变得严峻，其中，数字经济具有较强的流动性，传统的信息安全防护措施难以对其做到有效监管，而这一问题已经引起了广泛关注，甚至出台了相应的法律法规。所以说，在数字经济的建设和发展过程中，必须着重注意对风险的把控与安全的保护。在推进数字经济基础建设的过程中，我们也需要对应加强安全保障设施的建设。对于企业来说，在数字化业务增长与确保数据安全方面，应当做到同等重视、不偏不倚，并通过各种手段维护数据安全。总的来说，数字经济本身并不会受到国界的过分限制，将在更广泛的区域内持续发展并走向繁荣。为了实现这一目标，全人类都应该共同努力，维护数字安全，展现数字经济的巨大潜能，营造出一个开放、安全、合法的数字经济发展氛围。在追求数字经济利益的过程中，杜绝对安全的危害与隐私权的破坏，以确保已经取得的成果不会受到损害。包容性收益的核心理念是从预防负面影响开始，降低风险，保障安全，确保数字经济的成果得到维护和加强，尤其是在社会效益方面取得了显著的进步，真正创造出了包容共享的经济模式。

数字经济以其快速的发展、高度的融合和创新的业务模式为特点。为了深入理解数字经济的核心价值，并按照明确的步骤和目标推动其发展，我们应该从三个关键方面出发：首先，抓住每一个机会，迅速发展数字经济的关键部分，并增强执行能力；其次，我们需要进行数字化的转型，并迅速地将数字经济与实体经济结合起来，以推动各个企业向数字化的道路迈进；最后，我们需要充分利用数字科技生产关系的特性来发挥数字治理的作用，寻找新的治理策略，提高数字科技的生产能力，推动数字经济的健康成长。

第二节　数字经济技术基础

数字技术是数字经济的基石，通过数字新技术的创新发展，赋能数字经济是目前经济发展的重中之重。根据数字产业化的要求，大数据技术作为数字资源，云计算技术作为数字设备，物联网技术作为数字传输，区块链技术作为数字信息，人工智能技术作为数字智能，以上五项技术共同形成一个整体，相互融合，互相促进，共同推动数字经济朝着高质量方向发展。

一、技术架构与内涵

数字经济的技术划分有几种不同的方式和角度。

第一，从类型上看，数字经济的技术包括通用基础技术（5G、物联网、工业互联网、卫星互联网等）和新驱动技术（人工智能、区块链、云计算、量子计算、数字孪生、VR/AR/MR、3D 打印等）。

第二，从技术的领域来看，数字经济的技术主要分为网络技术（5G、光纤通信、智能宽带等）、制造技术（智能机器人、数字孪生等）、信息技术（VR、AR 等）和其他高精尖技术（石墨烯、芯片、量子通信等）。

第三，从技术趋势上来看，数字经济的技术趋势呈现数字化、智能化和渗透式三个趋势。

从技术背景上来看，数字经济是以第四次工业革命为基础的，第四次工业革命技术的主流趋势基本覆盖数字经济技术的发展。全球创新活动占比较高的行业有：信息技术、汽车、制药、半导体、生物技术、航空航天与国防，其中，信息技术、汽车和半导体属于数字经济的关键技术领域，制药和生物技术属于第四次工业革命的三大主题之一，与数字经济密切相关。因此，可以看出，数字经济技术行业的创新动力强劲。国内百强企业的研发费用以及研发费用占营收比重增加，整体持续提升，越来越多的技术引领型企业建立了创新实验室、工程技术中心、研究院等科研载体。数字技术具有巨大潜能，能够加快颠覆性技术的诞生频率和发展速度。

人们在早期认为，数字技术面向应用领域的范式应为以通信、计算、控制的相互融合为基础，但实际上，数字技术将与制造、能源、生物、材料等领域技术交叉融合产生一系列新技术，未来将带动相应的一系列新范式，大幅提高技术能力和应用效率。比较各技术应用情况，可以看出，云计算、大数据、人工智能等技术应用更为广泛普及，云计算、大数据、物联网等技术对实体经济渗透性更强，在制造业发挥较大优势。同时，基于技术集成的数字经济新模式和各领域新应用也不断涌现出来。例如，产业数字化转型的基础技术包含了互联网、物联网、云计算、大数据、人工智能和区块链等技术，加速了产业数字化的场景、行业应用和模式的创新（例如，制造业从单点设备分析向更多应用场景拓展、从单点局部应用向行业体系化应用拓展、从企业内部应用向制造资源整合规模化模式拓展），使产业数字化形成工业互联网、智慧交通、智慧医疗等核心应用。

新基础设施的保障，使数字经济技术在安全、移动、万物互联、高速、智能化、一体化等方面发生质的飞跃，数字经济技术将向更广阔、更高效、更普及、更智能化的方向发展。近些年，数字经济技术与大数据、云计算、人工智能等技术的链接协同，标志着数字经济技术开始大规模、大范围地从研发到应用阶段转变，技术挑战和技术机遇并存。

二、关键技术

伴随着物联网、大数据、云计算、人工智能、区块链等数字技术的快速发展，以及这些技术带来的各产业数字化升级、数字化治理和数据要素化、价值化，特别是由互联网的生活应用向数字经济的生产扩展的转变，数字经济逐步成为新产业、新经济、新发展的关键驱动力。根据数字经济技术架构与内涵，以下将选择六个有代表性的热点技术进行描述和分析：

（一）人工智能

人工智能技术是围绕数据、替代人工的智能化技术。人工智能以数据为核心开展工作，利用对数据进行加工、处理和分析等工作，实现其价值和意义。同时，人工智能通过机器智能替代人的部分脑力劳动，提高了生产效率和人力投入。数据是数字经济的核心生成要素，数字经济高质量发展的主要目标是以数据为基础提高生产效率并替代人的部分脑力劳动。因而，能实现这一目标的人工智能技术成为数字经济的关键技术。

目前，全球主要国家均积极开展了人工智能战略规划，支持科研和投入。美国、欧盟、英国、日本等国较早发展了人工智能技术，在技术前沿领域具有一定优势。近些年，中国人工智能行业的投融资的金额、次数和参与机构数量等迅速增长，国内各地积极开展人工智能研发及应用，推进技术在制造、医疗、交通、金融等领域的应用经济导向。

中国人工智能企业及行业发展态势良好，有一大批国际优质企业迅速发展，这都得益于国内大数据与互联网产业积累的大数据优势，国内市场环境对人工智能等新技术的需求，以及政策支持力度。当前，我国的人工智能企业在语音识别、图像识别等应用领域具有一定优势。我国 5G 技术及应用落地，对人工智能的意义巨大，辅助了人工智能的应用和系统升级。即便如此，我国人工智能的基础理论研究体系、主流框架、智能硬件仍需依赖国外的先进技术和产品，科研创新性有较大的提高空间。

（二）区块链

区块链技术本质上是一种去中心化的可靠、透明、安全、可追溯的分布式数据库，这种分布式结构打破了互联网数据汇聚共享的症结，保证了每个节点的对等地位的普惠式结构。在这种结构下，数据所有权明确，链接更直接，交易更安全、更公平，基于网络安全技术的共识机制更容易取得民众信任。由于区块链在数字经济中发挥了支持数据要素资产化、将数据全面地公平链接且安全追溯、建立了数字化的共识信任机制的三大作用，数据作为生产要素真正得以安全、公平、可信地流通和交易，实现了数字经济的稳定、安全、普惠、公平和可持续发展。一直以来，区块链致力于从这三个层面解决问题，在数字贸易、农业、制造业、物流业、民政、公共安全治理等领域作出了突出的贡献。

为解决国内和国际贸易中数据确权、数据安全、隐私保护、信任机制等问题，采用区块链技术可以提高贸易流程的透明度和贸易标的的可追溯性，确保产品和服务质量，增强信任；简化贸易文件、流程，确保数据的安全流通和监控。当前，区块链应用的相关领域包括金融业、政府档案、数字资产管理、投票、政府采购、土地认证、不动产登记、医疗健康、能源等多个方面。

农业数字化和工业数字化属于产业数字化的一部分。区块链在农业数字化中的应用主要是农产品质量安全追溯，实现农产品全周期全链条的透明化监管。同时，区块链可建立数字化信任机制、打破信息不对称、加速信息数据流通和交易过程，解决农产品供应链各参与主体缺乏相互信任、产供销不平衡、供应链运转效率低和管理成本高的问题。区块链在制造业中的应用主要包括：为工业设备提供可信标识并对设备情况进行监管；发挥在研发、设计、生产、采购、库存、物流等方面的信息共享与供应链协同管理协同作用；实现工业产品全生命周期追溯。针对物流业，区块链可以实现运输凭证签收写入区块链存证，构建物流征信生态和社会信任机制，实现物流溯源监管和信息共享，进而提高效率、保障效益。

区块链在民生领域的应用包括交通、医疗和公益慈善行业，重点在于保证数据的完整性、真实性、不可篡改性和隐私性，保障监督和追溯权限，解决信任危机问题。在政务服务中，基于区块链的数字身份认证、电子证照和电子票据，使数据在政府和个人之间可信地共享、共用，建立数字化的政务服务。在司法治理中，区块链重点应用在数字版权保护和电子司法存证上，两者主要利用区块链的时间戳、可追溯和不可篡改特性，保证信息的可信度和真实性。在公共安全管理中，区块链用于灾情监测和预警，实现多层级信息及时共享，重点推进联盟链，发展区块链服务平台，以及各领域的应用方案，对监管机制进行调整与完善。区块链技术深度结合了各类新兴信息技术，广泛应用于多个领域，并成功培养了一系列达到国际先进水平的企业和产业集群，最终构建了足够完善的产业生态系统。对于国家来说，区块链技术的存在极大地推动制造业大国和网络强国的建设，并且，为切实推进国家治理体系和治理能力的现代化，就需要大力发展数字经济。

在过去的几年中，区块链领域的注册公司数目一直在不断增长。特别是自2016年起，我国在区块链领域的企业注册数量呈现出迅猛的增长趋势。2020年和2021年，新成立区块链企业数量大幅上升，区块链行业迎来新的高潮。

我国区块链专利申请量不断增加，这些不断涌现的创新成果为区块链发展提供了安全可控的技术支撑，产业生态初具规模。当前，我国上市的区块链企业通过自主研发、合作研发、投资持股等方式开展区块链业务。其中，以自主研发为主的企业占比不断提高，此类上市企业集中分布于金融、软件信息服务等细分行业。这些企业凭借多年的技术积累和产业服务经验，通过设立区块链事业部、建立相关研究院／实验室或投入研究经费，持续开展区块链技术底层平台的研发和相关领域的应用实践，并且，已有部分相应技术研究应用成果落地。另有多家上市企业通过积极申请区块链相关专利，寻求建立相关领域的先发优势和技术壁垒。从区块链技术及业务进展情况来看，我国已有区块链相关成果产出的上市企业占比高达一半以上。这些成果主要包括：已成功搭建区块链底层技术平台、已落地或正在推进区块链应用实践、已为市场其他参与机构提供了区块链技术服务或区块链产业配套服务等。

（三）云计算

云计算是分布式计算的一种，兴起的主要原因在于互联网时代数据量的过载超出了互联网平台低成本高质量处理数据的上限。但是，市场对于数据的需求量和用户对数据质量的要求却在持续攀升。云计算和云平台巧妙地解决了这一矛盾。在数字经济时代，云计算和云平台将会继续发挥不可替代的作用，未来仍有较大的和其他技术融合创新，以及在各领域进行模式创新的空间。

整体来看，我国云计算市场规模最大，且当前仍在增长中，市场发展潜力最大。从市场收入来看，全球云计算收入和增速提升非常快，美国云计算服务企业全球领先。

云计算由三类数字服务构成，分别是基础设施即服务（IaaS）、平台即服务（PaaS）和软件即服务（SaaS）。在云计算当中，IaaS 市场位于产业链上游，是PaaS 和 SaaS 的基础。这三类细分市场中软件即服务市场占比最大，成为市场主流。我国当前 IaaS 较为成熟，PaaS 增长高速。随着数字经济的企业数字化转型需求提升，我国 SaaS 成为发展热点，向平台化、智能化发展的趋势愈发突出。

对于数字经济来说，云计算提升了算力和网络水平，提高了生产力和生产效率，是新基建的重要组成部分，也是数字化转型的关键基础要素。当前云计算有两大新趋势（云原生和分布式云），都对数字经济发展起到了关键技术支撑作用。其中，云原生是一种可以充分利用云计算优势构建和运行应用的方式。云原生技术为数字平台建设提供了强有力的技术支撑，帮助用户更加聚焦业务能力，最大化应用开发的价值。分布式云是云计算从单一数据中心部署向不同物理位置多数据中心部署、从中心化架构向分布式架构扩展的新模式。分布式云对于物联网、5G 等技术的广泛应用起到重要支撑作用，云边协同作为分布式云发展的重要核心，顺应各相关行业基于边缘计算和设备的分布式转型需求，加速了各相关行业的数字化转型进程。

按照产业结构来看，云计算产业链的上游供应商为第三方 IDC（Internet Data Center，互联网数据中心）企业，以及包括服务器厂商、网络运营商和网络设备厂商在内的基础设备提供商，同时，IDC 厂商也需要向基础设备提供商采购。产业链下游为云生态，包括基础平台和云原生应用等，云计算厂商负责提供 IaaS、PaaS 和 SaaS 等服务。

从产业链整体趋势来看，各大 IaaS 厂商竞争力的差距主要来源于云计算基础服务的创新性、行业解决方案的成熟度和服务实施效果，因此，建立整体云生态，聚合产业链上下游合作伙伴，是提高 IaaS 厂商市场竞争力的重要途径。美国 SaaS 市场获得了快速发展，SaaS 产品的传统商业模式也在美国获得了极大的成功。我国公有云 SaaS 市场发展与全球整体市场有一定差距，目前已经形成了三大阵营包括创业公司、互联网巨头和进行云转型的传统软件公司，未来发展潜力巨大。国内外云计算市场持续扩张，市场规模日趋庞大。在下游扩张的情况下，云产业链上游的数据中心流量同步快速增长。

云计算技术具有超大规模、虚拟化、高可靠性、通用性、高可伸缩性、成本低廉、速度快、效率高等优势。云计算重点关键技术将在传统和新兴市场均发挥关键作用。

（四）5G

在 3G/4G 时期，数据存在质量低、碎片化和维度有限等，不适应数字经济万物互联的数据要求。当前，万物数据入网、传输提速和广泛应用是关乎数字经济能否开展万物互联的关键问题。5G 的到来，不仅使各类型、各来源、各领域的万物数据链接入网，且通过扩展网络带宽，达到数据量激增的数据传输速度的要求，并将解决物联网边缘数据的计算、分析、处理与储存问题，使移动互联网向支持广泛设备联网的方向发展，在更广阔的工业控制、自动驾驶、智能电网等新行业、新场景中应用。5G 除了解决 3G/4G 的数据问题以外，更重要的是，在此基础上，为万物数据和相关技术融合提供了统一的标准化传输，畅通了从数据采集到各场景应用的数据传输路径。

增强型移动互联网（eMBB）、海量连接物联网（mMTC）和超低时延可靠通信（uRLLC）是三大 5G 应用模式，4K/8K 视频、百万级生产要素实时互联、99.9% 以上的高可靠性、毫米级时延和毫米波等技术指标的达成，以及 5G 与其他相关技术（物联网、AR/VR、AI、边缘计算等技术）的结合，满足了当前制造业转型的基本需求。由于 5G 具有高速率、低时延、高可靠、广覆盖的优势，5G 的应用场景将逐渐涵盖人们生活、生产的各个领域。保守估计，近些年来，5G 至少会在制造业、交通运输业、建筑业、公共事业、采矿及矿石业五大领域取得巨大收益。

2019 年，中国颁发 5G 牌照，标志着中国正式进入 5G 的商用元年。随着我国累计建设 5G 基站的数量越来越多，规模越来越大，现在 5G 建设方面中国将占据主要地位。国内厂商在 5G 的主要技术领域取得了国际竞争优势。欧洲、美国、德国、韩国等都已早在 5G 服务、建设、投资等方面开展 5G 战略部署。

尽管 5G 取得了巨大的进步，但 6G 研发工作已经开展。显然，未来数字经济万物互联之后的智能化目标，需要频段和传输速度更高、延迟更低、支持个性化用户需求、无需基站、可靠性更高、覆盖更全且费用更低的"升级版 5G——6G"。

（五）物联网

物联网之前被定义为将可感知设备、可独立寻址的物体进行互通互联的网络。这一定义具有明显的上一代移动互联网特征。在这一定义下，物联网普遍分为感知、网络、平台和应用层。此时，物联网要实现智能化目标，选择的是人工智能的辅助方法。"物联网 + 人工智能"能够实现包括辅助/自动驾驶、生物识别、健康监测等在内功能。

但数字经济对物联网有了新要求。强调"物联网"，不仅是"物物联网"，更是数据要素进入数字经济的重要关卡之一；将万物联网后，物联网与 5G、区块链、边缘计算等其他技术的融合，将打破数据与数据间的隔阂，也将消除人机物的界限，实现万物的融合。

具体地说，在数字经济中，"物联网 + 区块链"使入网数据链接跟踪对应产品的全生命周期，使相关主体以数据为依据充分协调合作；物联网将与边缘技术融合，解决海量终端数据的质和量的问题；物联网将侧重服务于上层平台、应用和服务，提高系统智能化水平；物联网面向人的柔性化体现在将为用户需求提供定制化的软硬件服务；移动网络、5G、卫星网络在改变物联网基础设施不统一、不兼容、不规范、分散化的状态上起到重要作用。

当前全球物联网保持高速增长，伴随着数字经济向各产业渗透，物联网的应用场景有由消费占据主导转为向产业倾向扩展的趋势，预计未来在工业、交通、健康和能源等领域增长最快。尽管物联网行业发展态势良好，但是，仍然存在缺乏统一标准、平台整合、安全性和成本问题，物联网行业正集中力量从技术、政策和经济角度去攻克这些难题。

（六）数字孪生

数字孪生自 2003 年提出概念，至 2010 年才有相对权威的定义，之后至 2017 年才开始成为大众关注的热点。这是由于数字孪生作为一项综合性技术，需要在关键技术发展相对成熟以后，进一步等待时机集成这些关键技术，才能取得实际效果。近几年，数字经济成为数字孪生技术发展的时机，而数字孪生的难度在于它需要集成高性能计算、多物理尺度和多物理量的建模等关键技术。

由于数字孪生涉及的相关技术多，涉猎的领域也多，数字孪生的定义并未明确。在此我们参考一种比较常见、易于理解的概念：数字孪生技术是通过有效运用物理模型，以及传感器的更新与运行历史等信息数据，整合多学科、多物理量、多尺度和多概率的仿真过程，之后在虚拟空间当中进行基于现实的映射操作，最终展现相应的实体装备的整个生命周期过程。

数字孪生的重要意义在于将现实物理世界映射到虚拟数字世界里，和从物理世界到现实世界的 CPS 技术路径相反且思路逆向。数字孪生和 CPS 技术形成闭环反馈，刚好验证了虚拟与现实世界的相互作用，证明了理论方法的可实践性。由于数字孪生技术的重要性，全球重要经济体纷纷出台数字孪生相关政策，英、美等国更是将数字孪生作为国家战略推进。

数字孪生的主要能力包括物联感知、全要素表达、可视化呈现、空间计算、模拟仿真等。CPS 技术是先进制造的核心技术，之后应用于能源、建筑、交通等领域。与之路径相反且思路逆向的数字孪生也可用于以上这些领域。当前，国内的数字孪生技术主要应用在城市、交通、能源、工厂、医疗、水利等领域。其中，率先取得突破的是小空间区域的数字治理。

第三节 数字基础设施

2018 年底，中央经济工作会议上明确提出了 5G、人工智能、工业互联网等"新型基础设施建设"的概念。2020 年初，为了稳定经济和社会运行，中央加大了"新基建"的投资规模，确定了七大重点投资领域：5G、工业互联网、人工智能、大数据中心、新能源汽车充电桩、特高压以及城际高速铁路和城市轨道交通。"新基建"投资计划的推出，体现出政府层面对数字基础设施建设的重视，契合了当前数字经济发展的基础需求。接下来，将重点介绍以 5G 为代表的移动互联网、工业互联网中的物联网和大数据中心这三类数字基础设施。

一、互联网

（一）从桌面互联网到移动互联网

1. 互联网的诞生

自 1960 年起，互联网开始崭露头角，最初主要服务于军队和大型公司，为二者提供纯文本的服务。在 1990 年，网络正式开始了它普及千家万户的道路。之后，伴随着 web 网站、电子商务不断推陈出新，网络已经成为人们日常生活中不可或缺的存在。

互联网起源于 20 世纪 60 年代后期，美国国防部国防高级研究计划署所建立的 ARPANET（阿帕网）。ARPANET 是由一些被称为接口消息处理器（IMP）的小型机所构成的分组交换网络，每个节点具有接口消息处理器和主机，主机向接口消息处理器发送消息，接口消息处理器将该消息分组，接着向目的节点发送分组。ARPANET 已经具备了互联网的一些特点，并迅速成长。

虽然 ARPANET 成长迅速，但是各个网络的消息格式、接口等缺乏统一标准，多个网络之间的关联和通信成为亟待解决的问题。解决该问题的方案在于协议，只要各个网络采用相同的协议，那么相互之间的通信就能够实现。这促进了有关协议的研究工作，最终研究者们提出了 TCP/IP（传输控制协议 / 因特网互联协议）参考模型及其协议簇，该模型被专门设计用于处理网络互联的通信。随着越来越多的网络连接到 ARPANET，TCP/IP 成为互联网的核心协议簇。

20 世纪 70 年代后期，美国国家科学基金会在 ARPANET 的基础上，建立了美国境内的骨干网络，并且将一些区域性网络连接到骨干网上，这些区域性网络和骨干网构成了 NSFNET（国家科学基金会网络）。随着 NSFNET 规模不断增长，美国国家科学基金会鼓励 IBM（国际商业机器公司）等三家公司组成非营利性企业 ANS（高级网络服务公司），该企业在 NSFNET 的基础上构建了 ANSNET（高级网络与服务中心网络，它成为 Internet 的另一个主干网）。随后，ANS 被美国在线公司（AOL）收购，美国在线等公司成为 IP 服务的提供商。可见，计算机网络的发展经历了军用需求推动最初建立、政府资助推动扩大发展和商业运营推动广泛应用的过程。随后，随着文件下载 FTP（文件传输协议）、远程访问 TELNET（远程登录系统）、电子邮件乃至万维网的发明，互联网走进了每个人的生活，无论是用户的普及率，还是互联网的使用率、新增率，都发展到了一个相当的高度。2018 年，全球人们有半数以上拥有智能设备，人们可以随时随地获取互联网体验。

2. 移动电话系统与移动互联网

人们最初使用的电话是与固定接口连接的固定电话，随着无线通信技术的发展，出现了无须与固定接口连接的移动电话（即手机）。移动电话的使用使人们随时随地进行语音通信成为现实，人们对互联网数据通信的移动性提出了要求，希望随时随地通过手机等移动设备发送或者接收传真和电子邮件，或者浏览网页、访问远程文件，希望实现移动办公室、移动管理等。在该需求的推动下，无线移动互联网技术应运而生。

移动电话系统经历了三个发展阶段：第一代的模拟语音通信；第二代数字语音通信的移动电话系统（扩展为 2.5G 后可以支持低带宽数据通信），主要采用全球移动通信系统（Global System for Mobile Communications，GSM）和码分多址（Code Division Multiple Access，CDMA）；第三代移动电话系统则同时支持数字语音与高速数据混合通信。

移动电话系统和无线移动互联网都是在移动环境下对数字信号进行无线传输，并且都可以使用移动电话等作为终端设备，但是，二者存在很多不同之处。首先，无线移动互联网主要面向数据包传送，而移动电话系统侧重固定带宽的高质量语音传送。其次，无线移动互联网在不同情况下，其数据流量和服务质量要求均存在较大差异，而移动电话系统的语音传送则具有固定带宽和服务质量要求。

最后，无线移动互联网往往对带宽需求很大，而移动电话系统则没有这样的要求。

自 2007 年 1 月苹果公司推出新一代 iPhone 手机，移动互联网已有 10 年发展历程。10 年来，移动互联网高歌猛进，极大颠覆了传统互联网的商业模式，催生了共享经济、O2O（Online To Offline，线上到线下）等诸多新业态。移动互联网成为互联网产业发展的主要基础设施，移动互联网时代在全球范围内全面到来。

（二）移动通信技术：从 2G 到 5G

中国在移动通信领域属于后来者，通过不断摸索和尝试，在移动通信技术从 2G 向 5G 逐步升级的过程中，逐渐形成了自己的研发标准，并被国际社会所接受。

从 1G 到 2G 是从模拟调制到数字调制。相较而言，第二代移动通信具备高度的保密性，增加了系统容量，能实现手机上网。3G 是在新频谱上制定的新标准，解决了大数据传输速率过低问题。3G 与 2G 的主要区别是在传输声音和数据的速度上的提升，它能够在全球范围内更好地实现无线漫游，并处理图像、音乐、视频等多种媒体形式，提供包括网页浏览、电话会议、电子商务等多种信息服务。在 3G 时代，中国移动扛起了中国自主研发的 TD-SCDMA（Time Division-Synchronous Code Division Multiple Access，时分同步码分多址）标准，这个标准是中国第一次在全球移动通信领域发出自己的声音，也就有了后续的 TD-LTE（Time Division Long Term Evolution，分时长期演进），也就有了现在的 5GNR（5G New Radio，基于 OFDM 的全新空口设计的全球性 5G 标准）的中国主导地位。4G 是指第四代无线蜂窝电话通信协议，能够传输高质量图像和视频，能够实现 100+Mbps（megabits per second，每秒百万比特）下载速度，但覆盖范围有限，数据传输有延迟。在 4G 时代，我国以华为为代表的多家公司开始全面发力，通过技术的积累和研发的加强，尤其在价格竞争和服务上，我国逐渐成了主力。

第五代移动电话的移动通信标准，也被人们称为第五代移动通信技术，常被缩写为 5G。对于人们来说，相较于 4G，5G 的带宽更高，极大地满足了人们对更优质网络休验的期望。除此之外，5G 在可靠性方面值得信赖，且因其在延迟方面更低，所以更能满足自动驾驶等行业的现实需求，最终实现各种事物的互联互通，从而有效推动经济社会的创新与发展。5G 的广泛应用将重点解决传统移动通信无法很好地支持物联网及垂直行业应用的问题，主要包括面向物联网的低功耗、大连接和低时延、高可靠这两个场景。其中，低功耗、大连接的应用场景主要是为了满足各类主要通过传感数据收集信息的应用需求，例如，可以应用于智慧城市与智慧农业等场景中。5G 网络中，一个基站下面可以连接上万个用户，人与人之间可以连接，人与物、人与信息、人与自然之间都可以形成连接，因此，在这些场景中，连接数密度极高，同时它还兼顾终端设备的极低功耗和成本。相比之下，低时延、高可靠主要是为了满足车联网、智能制造等特定的垂直行业的需求，用户需要毫秒级的时延和将近 100% 的可靠性。

在 5G 标准的研发方面，我们走在了世界前列。在 2016 年的初期，我国正式开展了 5G 技术研发的试验工作；到 2016 年末，华为 polar 码（极化码）的方案被纳入 5G 的国际标准中。到目前为止，我国已经建成十万多个 5G 基站，5G 商业化的全面启动将有力推动科技产业创新升级。我国企业在 5G 标准技术上，已经是国际一流水平，并且在服务、价格、效率上具有绝对优势。

（三）千兆宽带

随着数字经济的迅速崛起，宽带网络的重要性逐渐被人关注。简单来说，它的存在极大地影响着现如今经济与社会的发展。

在过去的几年中，我国的宽带网络建设已经取得了显著的进展，现已构建了一个覆盖全国的光纤宽带接入网络。现如今，伴随着人们对高清视频、虚拟现实等的需求逐渐高涨，千兆宽带将在未来成为全球宽带发展的核心。

1. 国家政策推动千兆宽带发展

在 2019 年的《政府工作报告》中，计划实施城市千兆宽带的家庭接入示范项目，对远程教育和远程医疗网络进行改革和提升，以便让用户真正体验到网络速度的提升和稳定性。2019 年 5 月 15 日，国务院常务会议决定进一步提升网络的速度并降低费用，强调了网络升级和扩容是之后增加有效投资的关键方向，做到光纤到户，并推动千兆宽带的持续发展。工信部与国资委联合发布了一份通知，名为《关于深化宽带网络提速降费以支持经济高质量发展 2019 专项行动的通知》，其中明确指出了 2019 年我国千兆宽带的发展目标。

2. 高宽带业务成熟加速千兆宽带商用进程

以 4K、8K、AR、VR 为标志的视频内容业务目前正经历爆发式增长，中国的 4K 内容播放时长和新增的 4K 电视的普及率都在持续上升，同时全球 VR 主流平台的应用也在逐渐增多。Cloud VR 作为即将到来的 IPTV，已经建立了一个完整的端到端的生态系统，并能够大规模部署。随着高宽带业务的快速发展和成熟应用，千兆宽带在我国的商业推广也在持续加速。自 2018 年起，我国的三大基础电信公司正在积极地推动千兆网络的部署和千兆应用的创新探索。例如，中国电信的"智能宽带"涵盖了智能连接、智能电视、智能组网、智能应用、智能服务这五大核心领域的产品、应用、服务。

3.技术产业成熟催生商业应用

通过研究我国在固定通信领域的历史进程，可以发现，从依赖铜线接入技术的语音时代开始，我们已经步入了以 10GPON（Gigabit-Capable PON，千兆位无源光纤网络）光纤接入技术为核心的千兆接入新时代。在"创新业务和技术发展"的影响下，我们将迎来一个智能时代。

相较于之前的几代固定接入技术，无论是带宽还是用户体验等方面，10GPON 千兆宽带网络都有着较大的进步。这一系列的变革预计促使光纤网络更广泛地与各种事物建立联系，从而以一种亘古未见的方式实现社会的正常运作与进一步发展。

二、物联网

（一）物联网的含义

物联网（Internet of Things，IoT），顾名思义，就是物物相连的互联网。这有两层意思：

第一，物联网的核心和基础仍然是互联网，是在互联网基础上延伸和扩展的一种网络，如果互联网是一棵大树，那么物联网就是它的一根树枝。

第二，物联网的用户端延伸和扩展到了任何物品与物品之间的信息交换和通信。因此，物联网利用各类诸如信息传感器、红外感应器、射频识别技术等先进的设备和技术，对所有需要关注的信息进行实时监控与收集。通过各种可能的网络连接方式，做到万物互联，从而更加细致地对物品和过程进行智能化的识别、处理。

如果说互联网让人与人的沟通不再受时空限制，那么物联网则让物物相连成为现实。物联网这张大网，在互联网的基础上又添加了无数的设备节点。这些没有生命的设备，一丝不苟地传递着传感数据，冷冷地执行着各种命令。这个无声而古板的网络，不断地把物理世界的信息转成数字放进虚拟世界，把虚拟世界的指令变成物理世界真实的动作，让共享单车、无人驾驶、扫码零售等不断涌现的应用成为可能。从人与人，到人与物，再到物与物，万物互联的时代正在来临。

当然，真正实现万物互联，需要多种信息技术的融合互推。物联网与互联网、人工智能、大数据、云计算、移动互联这些新兴技术都是密切相关、互相支持、互相推动的。物联网并不是孤立的一环，而是数字经济发展过程中很重要的组成部分。

（二）物联网的起源与发展

说起物联网思想的起源，就不得不提到著名的"特洛伊"咖啡壶事件。在1991 年的时候，剑桥大学特洛伊计算机实验室的科研人员总是因为需要频频下楼查看煮咖啡的进度而不胜其烦，所以，为了能够实时观察楼下煮咖啡的进度，他们编写了一套专门的程序并通过便携摄像头进行监控，之后运用计算机图像捕捉技术，以每秒 3 帧的速率传输视频，使相应结果呈现在实验室的计算机上。这样，他们就可以随时了解煮咖啡的情况，等咖啡煮好之后再下去拿，省去了上上下下的麻烦。这样一个小小的咖啡壶，便是物联网起源的雏形。

物联网这一概念最初在 1991 年由美国麻省理工学院的教授凯文·阿什顿提出，之后的 1995 年，比尔·盖茨所写的《未来之路》里也提及了物联网。在2003 年，美国的《技术评论》杂志指出，传感网络技术将成为未来最能改变人们生活方式的技术。在 2005 年，国际电信联盟（International Telecommunication Union，ITU）在《ITU 互联网报告 2005：物联网》中，也阐述了"物联网"。

尽管人们已经多次提到了物联网这一概念，但它在过去并没有得到应有的重点关注。直到 2008 年之后，为了推动科技的进步和寻找新的经济增长机会，全球各国的政府才开始将注意力集中在物联网上，并计划将其作为未来技术发展的方向。于是，顷刻之间，物联网崭露头角，成了一个备受瞩目的新词汇。2009年，欧盟执行委员会发布了欧洲物联网的行动方案，详细描述了对物联网技术的未来应用，并建议欧盟政府加强对物联网的监管，以推动其进一步发展。紧接着，IBM 的首席执行官彭明盛在"圆桌会议"上首度提出了"智慧地球"这一创新概念。2009 年 2 月 24 日，IBM 大中华区的首席执行官钱大群在 IBM 论坛上宣布了"智慧地球"策略。

早在 2009 年 8 月的时候，我国就首次提出了"感知中国"这一概念，这极大地推动了我国在物联网领域的研究和应用，并使物联网的发展到达了一个新的高峰。无锡是我国首个设立"感知中国"研究中心的城市，之后各方陆续在此地建立了物联网研究机构。

尽管物联网应用的种类在不断增加，但现阶段国内的物联网应用仍然是基础应用与高级应用同时存在的。值得注意的是，在我国，至今仍然有数量庞大的孤立、分散和独立运作的设备开始进行网络连接和小数据应用的扩展，而这些仍然处于初级应用的发展阶段。在某些特定的领域中，利用物联网收集的数据来进行深入分析的应用也开始不断出现。

（三）物联网的技术原理

物联网实际上是基于计算机互联网的进一步发展，通过全球定位、传感技术、射频识别等多种先进技术，构建了一个可以实现全球事物互联的庞大网络。

在物联网环境下，物体间可以自由地进行交流，并不需要人为干预。而要实现这一目的，只需运用射频自动识别技术，并借助计算机互联网对物体进行自动识别，并实现信息的互联共享。

射频识别技术能够探寻物品的各项信息。这项技术利用无线数据通信网络，收集物体自身标签中信息，并在中央信息系统进行处理，从而对物体进行识别；然后，在开放的计算机网络的协助下，进行信息的交换与共享，从而更好地对物品进行"透明"的管理。

物联网的出现彻底颠覆了以往总是将物理基础设施与信息技术基础设施区分开来的传统观念。在物联网时代，任意物品都可与芯片、宽带整合为统一的基础设施。在此意义上，基础设施更像是一块新的地球工地，世界的运转就在它上面进行。

三、大数据中心

在移动互联网时代，数据流量不断增加，大数据中心是数据存储、处理和交互的中心，被认为是当前的新型基础设施之一。现阶段，在互联网数据中心机柜的数量上，美国遥遥领先。但在互联网用户的数量上，我国独占鳌头，而这也表明，我国的大数据中心具有巨大的发展潜力。

目前，我国的国家大数据中心有三大中心、八大节点。中心基地位于北京，南方基地位于贵州，北方基地位于乌兰察布。中国网络的核心层由北京、上海、广州、沈阳、南京、武汉、成都、西安八个城市的核心节点组成。核心节点之间为不完全网状结构。核心层的功能主要是提供与国际 Internet 的互联，以及提供大区之间信息交换的通路。

2015 年 9 月，贵州启动全国首个关于大数据综合试验区的建设任务。2016 年的 2 月，贵州被正式批准成为我国首个国家级的大数据综合试验区。2016 年 10 月 8 日，京津冀等七个地区正式获批开展国家大数据综合试验区的建设工作。这次获得批准的国家大数据综合试验区涵盖了两个跨区域类综合试验区，分别是京津冀和珠江三角洲，还包括四个区域示范类综合试验区，其中有上海市、河南省、重庆市和沈阳市，以及一个大数据基础设施统筹发展类综合试验区，即内蒙古。

在 5G、云计算、人工智能等新型信息技术不断发展的过程中，信息技术与传统产业正在飞速实现有机结合，数字经济也呈现出了极为旺盛的发展势头。数据中心属于各行业信息系统的物理载体，现如今已经变成了经济社会运行中的关键基础设施，对数字经济的发展发挥着极为关键的作用。

第四节　数字经济的生态体系

新一轮科技革命和产业变革孕育兴起，数字化浪潮席卷全球，数字经济的生态日益完善。一是创新体系加快形成。数字技术呈指数级进步，与制造、能源、材料、生物等技术加速交叉融合，引领技术群体性突破。数据资源成为日益重要的生产要素，数据驱动的创新正在向经济社会、科技研发等领域扩展。创新主体活力进一步迸发，"政、产、学、研、用"等各类主体广泛参与，线上与线下结合的开放创新网络加快形成，产业体系持续升级。高速宽带、无缝覆盖、智能适配的新一代信息网络快速更迭，传统基础设施数字化、网络化、智能化进程加速推进。信息通信产业竞争力不断提升，数字经济的发展基础日益坚实。数字技术与实体经济融合的广度和深度不断扩展，推动新产业、新模式、新业态不断涌现，传统产业升级改造步伐加快。二是治理体系逐步优化。政策、法律、监管三位一体的治理框架正在构建，包容、审慎的治理原则逐渐清晰。三是以政府为主导，平台、用户、消费者等主体共同参与的多元协同治理体系正在加速形成。大数据推进政府管理和社会治理模式创新，提升国家治理的现代化水平。信息基础设施和关键数据资源的保护能力持续提升，信息安全保护体系得到进一步完善。

数字经济生态日新月异，抢夺数字经济生态主导权的国际竞争日趋激烈，提升数字技术创新能力、推动制造业数字化转型、加强平台治理成为当前我国加快构建数字经济生态的重点方向。

一、创新体系：数字技术创新引领发展

创新是引领发展的第一动力。党中央、国务院高度重视数字技术创新发展，持续加大对物联网、云计算、大数据、人工智能等技术的创新投入。近年来，我国数字技术创新取得跨越式进步，创新成果加速向经济社会各领域普及渗透，产品创新、服务创新、商业模式创新等层出不穷。数字技术创新主引擎作用日益凸显，呈现四大特征。

（一）创新投入由数量追赶转向量质齐升

我国科技创新的总体投入正在加速迈向国际第一方阵。近年来，我国研发经费投入快速增加，总量已居世界第二位。企业研发投入增长迅猛，研发成效显著。我国数字经济创新投入高速增长，创新驱动能力不断提升。

（二）原始创新能力由跟跑为主转向更多领域并跑、领跑

近年来，我国紧抓新一代信息技术变革机遇，坚持创新引领发展，多领域技术创新已经实现由模仿复制为主转向在若干重要领域突破与引领。"神威·太湖

之光"作为全球第一台具有超过千万核并行规模和每秒10亿亿次计算性能的超级计算机,已经在多个科学和工程领域实现了超过100项的应用,覆盖了高性能研究的关键应用领域。

(三)创新边界由封闭式向开放式转变

创新组织边界由清晰化向模糊化转变。在传统模式下,创新主要以企业、高校、科研院所等实体性组织为核心,创新的对接、协同、合作都基于线下实体空间,创新人员的组织边界可以清楚界定。值得注意的是,在数字经济的背景下,众多的个体、创新团队和创业者有机会利用在线平台或虚拟网络,开展彼此间的研发合作,并进行创新成果的交易,这使得创新主体边界变得越来越不明确。近年来,互联网众创平台支持个体或创业团队通过接入互联网开放平台开展创业或创新活动,极大地降低了社会大众从事创业和创新活动的门槛,带动网络化平台成为重要创新主体。

创新资源由封闭式占有向开放式共享转变。在传统模式下,创新资源与创新合作的模式受制于区域、组织边界的影响,更多地通过"政、产、学、研、用"合作的方式进行,信息交互量有限,合作范围小。线上开源社区打破了封闭式创新模式下的信息共享壁垒,极大地促进了创新数据与信息的自由流动与开放共享。在开源模式下,从Apache网页服务器到安卓智能终端操作系统,从云计算操作系统到大数据平台,创新得以在更为开放的网络架构上进行,创新成果在共享中实现价值倍增。

(四)创新组织方式由价值链向价值网络转变

创新组织方式由链条化转向网络化、"去中介化"。在传统模式下,供需双方的产品或服务对接可能需要经过中间商、服务中介等诸多产业链环节,创新链条长,时效性久,难以形成实时用户反馈机制。在数字经济模式下,互联网直接打通了供需双方的创新资源,缩短了供应商和客户之间的距离,匹配供应和需求,进一步拆分产品和业务流程,实现由平台替代或最小化中介的作用。

近年来,我国大量涌现的共享经济平台正是瞄准了中介服务中利润率较高的市场,利用信息化、网络化手段,变垂直的价值链条为"去中介化"的平台模式。创新合作方式由小范围强联系向大范围弱联系转变。作为创新节点的机构之间、机构与外部环境间存在或强或弱的网络联系。在传统模式下，企业创新主要依托信任度高、互动频繁的合作伙伴，联系范围小，联系强度高。在数字经济情景下，各方在创新平台上低成本接触，并且通过积极创新在平台上获取价值，促使企业可供选择的联系范围极大扩展，单个合作伙伴间的互动频率大幅降低，为企业建立创新合作的弱联系提供了良好机遇。弱联系被证明是传递信息的有效桥梁，拥有信息优势和资源交换优势，有助于为企业提供更多获得创新信息和创新资源的机会。很多大企业意识到，通过互联网平台能够在全世界范围内直接获取用户的需求与创意信息，不断提高企业的弱联系能力。

当前，我国正由发展中大国向现代化强国迈进。历史经验表明，现代化强国无一不是创新强国、科技强国。面对新一轮科技产业变革与数字经济浪潮，我国必须发挥创新的主引擎作用，只有在技术创新与数字化应用中持续探索，才能在全球竞争中赢得战略主动。未来，我国应进一步提升与人工智能、工业互联网、云计算等相关的原始创新能力，真正发挥创新的主引擎作用，推动数字经济发展由数量和规模扩张向质量和效益提升转变。

二、产业体系：产业数字化转型快速推进

（一）制造业的数字化转型

制造业数字化转型是指以工业大数据为新型生产要素，以现代信息网络为主要载体，以数字技术与工业融合应用为效率，改善和产业升级重要推动力的一系列经济活动。从内涵范畴看，制造业数字化转型主要包括两大部分：一是使能部分，涵盖工业软件、工业网络、感知硬件、工业互联网平台等，为制造企业数字化转型提供工具、知识和服务，是企业数字化转型的基础和先导；二是应用部分，主要是指企业应用数字使能工具实现转型的一系列活动，这部分是数字化转型的重点，构成对使能部分的需求。

近年来，我国数字经济正在加速向制造领域渗透，制造业数字化转型通过数字空间与物理世界深度融合，对制造业加快转方式、优结构、换动力具有重要意义，成为当前和未来一段时间内推动数字经济发展的主战场。

（二）零售业的数字化转型

零售业是全球变化最快的垂直行业之一，通常处于技术进步的最前沿，以跟上客户群不断变化的需求为目标。

数字化转型在零售行业的各个方面无处不在。从数据和信息优化、供应链数字化、交付和后台流程到前端，客户的期望需要转变和增强与渠道的客户体验都有着数字化转型的身影。

（三）政府和公共部门的数字化转型

数字化政府是政府实现数字化转型的核心概念。建设数字化政府使得政府能够通过互联网和信息技术来提供更多的在线服务，实现政府及机构间数据的共享和互通，提高政府决策的精确性和时效性。

数字化公共服务是数字化转型的重要内容之一。通过数字化技术，公共服务可以实现在线申请、在线审批、在线支付等功能，提高公共服务的便利性和效率，为人们提供更便捷的健康服务。

随着技术的不断突破和应用的扩展，数字化转型在政府和公共服务领域的前景十分广阔。数字化转型将进一步提升公共服务的效能和便利性，为人们提供更好的生活体验。

（四）医疗保健领域的数字化转型

随着物联网带来更具破坏性的互联网第二波浪潮，医疗保健行业很可能成为数字化转型最彻底的领域。数字化转型是指利用数字技术和数据来改变组织的运营模式、文化特征和价值创造方式，以适应和引领市场变化。在医疗保健领域，数字化转型不仅意味着投资新的技术和设备，更意味着改变医疗服务的提供方式和医患关系的建立方式，以满足消费者对便捷、高质量和个性化医疗服务的需求。

我们正处在医疗史上多个革命性技术融合的关键时刻，基因组学、生物传感器、人工智能和机器人技术将引领数字医学时代的到来。这些新兴技术将对什么是医疗保健以及如何提供医疗保健服务产生重大影响。

（五）银行业的数字化转型

银行业的数字化转型是指银行采用科技手段和数字化技术，改变传统业务模式，提升内部管理和服务能力的过程。数字化转型包括但不限于手机银行、网上银行、电子支付等，以提供更加便捷、高效、安全的金融服务。

数字化转型将使银行业转变服务方式，从传统的柜面服务向网上银行、手机银行等新兴服务方式转型。客户将更加便捷地享受多样化的金融服务。

数字化转型可以提升客户的整体体验，如通过个性化推荐、智能客服等方式，为客户提供更加精准、个性化的金融服务。

数字化转型为银行业带来了更多的创新机会，如虚拟货币、区块链等新兴技术的应用，将进一步推动金融行业的创新发展。

三、治理体系：多方共治格局基本形成

随着互联网、人工智能、大数据等新兴产业技术的高速发展，人类社会搭建起一个与物质世界、实体经济融合共生的数字世界，创新发展了作为新经济业态、新生产力组织方式和商业组织结构的，基于信息通信技术和数字数据技术深度结合的数字（数据）经济。在数字化、智能化趋势的推动下，我国数字经济发展呈强劲态势，要实现数字经济高质量发展，必须有亟待可行、可及的有效治理。

面对以信息通信技术和数字数据技术为代表的数字经济时代新技术进步对法治的强烈冲击和现实挑战，尽管国内外理论和实务界对此作出了积极回应，但尚未取得普遍共识。现有研究成果表明，不可只依赖技术赋能进行数字治理，应以多维综合治理为抓手，聚焦数据、算法、平台多要素及多场景的立体化、多层次、整体性的协同治理，优化数字治理体制机制及规则体系，助力我国数字经济高质量发展。

（一）数据治理以安全为底线

数据是数字经济发展的关键基础要素，是产业数字化与数字化产业的载体，也是生产组织和生产关系网络化、智能化的基础，只有保护好、开发好数据才能切实促进数字经济高质量发展。

数据在多主体、多场景、多领域下的复次开发能够提高数据的使用价值，使之具有更强的交互性和创新性。这类特征决定了基于数据的数字经济具有很强的正外部效应，数据使用频率越高、使用范围越大，其创造的价值也会越多。数字

经济市场主体的数据积累，能够快速形成多行多市结构下的范围经济和规模经济优势，为数字经济发展注入新动能，是加快经济社会发展质量变革、效率变革、动力变革的重要引擎和关键要素。

数字经济拥有庞大的数据要素市场，数据要素的安全化使用是数据要素市场健康发展的基础与保障。然而，在当前数字经济高速发展的过程中，数据安全风险日益凸显。主要表现在以下两方面：

第一，由于大数据技术和算法推荐的普遍应用，个人隐私信息被泄露的风险显著增加。在数字经济的时代背景下，当人们在日常生活中享受各项服务的时候，会逐渐积累下海量的有关个人隐私的信息数据。尽管现阶段的《个人信息保护法》为个人信息的保护提供了法律依据，但是，在现实生活中，用户在享受某项服务之前，只能作出两个选择，其一是不签署平台方的授权协议，于是就不能享受该服务；其二就是直接签署授权协议，但会面临隐私泄露的风险，这意味着相关的法律和法规的落实仍需相关部门的努力。此外，目前各类应用软件（App）、小程序、网站层出不穷，对于其个人信息保护和去标签化的措施和流程是否完善，用户难以全面知晓，也无从取证。广大用户在防范隐私泄露方面仍然处于被动地位，为此，加强应用软件和小程序的开发，以及使用者及其分发平台承担着监管的主体职责，并利用这一点进行持续的行业自我检查、企业之间的相互审查以及外部的监督审查，才能构建一个全面的、多方参与的治理新模式。

第二，许多数字经济的领军企业通常会在积累大量数据的过程中出现数据的垄断，而这一行为也会直接影响数据要素市场的平稳发展，不利于整个市场的安全运行。在数字经济发展早期，各领域都存在着较多的中小经营者，随着流量数据的不断积累，巨量商业资本持续涌入，致使在平台经济发展的大多数领域出现了一个或两个数字科技巨擘主导的市场结构，涵盖了社交媒体、搜索引擎以及视频服务提供商等多个领域。正是因为庞大的用户基础、数据积累的存在，科技巨擘们很自然地获得了市场的主导权，并通过数据垄断手段，极大地损害了市场的公平竞争。数据垄断局面一旦形成，就会形成市场壁垒，甚至加剧已然发生的数据安全危害。

在数字经济时代，人人可提供数据，人人可生产要素，人人可从消费者变成生产者，兼具多重身份。对于数字经济场景下的广大经营者和消费者，特别是那些中小创新创业者，如果不给予充分、合理、有效的支持，且及时对那些妨碍公平竞争的违法违规行为予以有力有度有序的规制，势必会影响整个数字经济规范、健康、持续发展。因此，在数字经济的发展过程中，法律的存在成为其安稳的发展关键。所以说，应当坚定地落实法治理念，对数字经济发展各流程进行规范，创造出一个健全的法制环境，确保安全与稳定。

（二）平台治理以规范为基线

随着信息通信技术与数字数据技术的快速迭代与深度融合创新，以互联网平台企业为代表的互联网平台经济迅速崛起。平台经济是以数字技术为基础，结合各类经济活动单元而组成的新型经济系统。这正是对商业模式进行的一次前所未有的创新，彻底改变了传统制造商的规模经济模式，使得各厂商为自身存续不得不重视算法。例如，日常生活中的共享出行、网购直播、酒店民宿、餐饮外卖等都属于平台经济的典型表现形式。如今，平台经济，尤其是互联网平台，已经成为推动我国经济发展的重要引擎。

在平台经济蓬勃兴起、纵深发展的同时，所引发的竞争治理、安全治理等问题也在不断凸显，例如平台强制"二选一"、过度收集用户数据信息、违法违规妨碍信息传播等现象层出不穷。由此，引发了社会各界对超大型平台基于其强大的数字经济权利（力）所衍生的对国家公共权力、社会公众基本权利的挤压、控制甚或侵害的强烈担忧。如何建立健全科学、合理的平台经济治理体系，有序、有效、有力监管平台企业，特别是超大型平台企业的行为，在促进平台经济、健康发展的同时，规范其行为的合法性与合理性，支持平台经济持续发展是当前平台治理中面临的核心任务。

平台经济的规范化发展需要在保证规范的基础上进行发展，为此，就需要全面、科学和准确地协调"安全"与"发展"这两个方面的内容。从安全的角度出发，首先，就需要重视各项法律法规，从而创造良好的法治环境；其次，依法开展各项工作，积极推动平台经济的规范化发展。例如，平台经营者、网络商品和服务的提供者、相关行业组织、协会，以及中央和地方各级网信主管部门和其他有关部门都应依法维护平台经济的秩序规范。

（三）算法治理以科学为明线

支撑数字经济高质量发展的关键基础技术是基于大数据支持的人工智能算法，借助算法就能够对数量庞大的数据进行处理，并加以各种形式的利用。值得注意的是，因为人工智能技术的持续进步与普及，现如今，算法已经深入人们的日常生活中。衣食住行、生老病死、就业失业、信息传播等，无不受到算法推荐和使用的影响。算法不仅为传统产业升级进行全新赋能，而且为社会的发展带来更多可能，一个算法社会正在到来。

但是，需要注意的一点是，伴随着算法的优势凸显，算法造成的各类隐私信息泄露的危害等问题也逐渐显现。在这个时代，算法治理成为需要人们解决的重点问题。因此，我们需要基于算法运行相应规律，开展科学治理，通过精心设计的机制，来应对动态算法创新，与相对稳定、静态的法律制度之间的潜在冲突，从而科学、有序和高效地达成算法治理的既定目标。

科学的算法治理需要坚持和完善多元共治，实现多元利益的均衡发展。

首先，坚持多元共治，不仅需要采取自上而下的立法、行政赋能，对算法应用治理过程中各主体的职责与权利制定相应的法律法规，建立责罚相当的治理框架；还要推动自下而上的监督机制完善，拓展监督渠道，调动多元主体参与治理的积极性，形成"政府为核心＋多元主体参与"的治理模式，优化算法治理效果。

其次，追求利益均衡，我们需要明确一点，即算法治理的核心目标是确保各方面利益得到优化配置，需在遵从科学规律的基础上依法依规协调各方主体利益，以增进社会总福利。例如，加强广大普通用户、数字劳动者各项权益的科学保护，强化对算法的透明度和可解释性，明确算法开发者、控制者及使用者等各方享有的合法权利，以及公共部门合法使用算法权利，并赋予相应的法律义务与责任。

科学的算法治理还应加强对事前、事中、事后整个过程和周期的管理和治理。我国应当重点加强对事中和事前的治理，尤其是事前的管理是预防算法风险产生的关键。2021 年 12 月，《互联网信息服务算法推荐管理规定》中明确了"算法风险防控机制备案""建立健全算法机制机理审核与评估""验证算法机制机理、模型、数据和应用结果"[①] 等方面的内容，这充分表明我国已经开始重视算法问责的

---

① 李洋.互联网信息服务算法推荐管理规定发布 [N].中国高新技术产业导报，2022-01-10（013）.

前置阶段，并对事前和事中的治理工作做到了有效推进。基于这个前提，再进一步加强事前事中监管落地，有效降低算法风险。

（四）场景治理以均衡为主线

在"十四五"规划期间，我国明确了数字经济的新发展方向，即深化应用、规范化发展和普惠共享。基于此，以大数据、人工智能、区块链等为代表的新兴技术手段则各显神通，不断对各产业持续赋能升级，一时间新技术、新产业、新业态、新模式层出不穷。

伴随"四新经济"的不断发展，数字经济迈向了更加集成和融合发展的阶段，如大力发展融合化在线教育、积极发展智能医疗、支持自动驾驶等。同时，我们也要看到，在国家布局数字经济中长期发展目标之际，由于数字经济规模的迅速增长，其中存在的各种问题也逐渐凸显出来，由此就需要我们及时纠正监管体制机制不适应的问题，提高我国数字经济治理能力与水平，创新治理思路。

基于此，在数字经济发展进入下半场之际，数字企业除努力修炼"内功"外，外部治理机制也需因应新技术、新产业、新业态、新模式的不断变化，积极面对带来的数字经济发展的新挑战，有序、有效地推动数字经济的创新升级。在这一过程中，务必坚持以均衡发展为主线，加强多元多维治理，优化以数字经济应用场景为轴心的融合治理，重点扶持一批技术创新优、应用效果好、复制推广性强的数字经济新技术、新业态、新产业、新模式，努力实现从产业出圈到数字破圈的突破。

当前，数字经济成为经济发展的新引擎，数字经济治理也成为国家治理体系建设的关键内容之一。为充分保障数字经济发展的活力和秩序，建议从以上方面完善数字经济多维治理体系，促进数字经济规范健康持续发展。

第二章　数字经济理论

数字经济就是一系列以数字化知识和信息为核心生产要素，利用现代信息网络作为主要的传输工具，并通过信息通信技术的高效应用来提高效率和优化经济结构的经济行为。本章主要讲述数字经济理论，从三个方面展开讲述，分别是数据要素、数字经济的运行机理以及数字经济的测算。

第一节　数据要素

把数据作为一种生产要素单独列出，反映了我国经济新常态的新特征，这是中国特色社会主义市场经济的重要理论创新，对推动数字经济发展、提升数据要素价值具有重大现实意义。作为新生事物，目前，无论在理论方面还是实践方面，数据要素的一些基本问题和概念都有进一步探讨和辨析的必要。

一、数字经济中的数据概述

世界是物质的，物质是数据的，数据无处不在；同时，数据是可以被计算和量化的，这就是所谓"万物皆数据"。

从互联网到物联网，从 1G 到 5G，所有物理世界中的事物都可以作为传感器，数据交互实时发生，这就是所谓的"无处不互联"。

呈指数级增长的数据，淡化了现实与虚拟的区别，模糊了供给与需求的边界，并一步步改变着人们的生产、生活和思维方式，一步步塑造着新的经济形态、经济秩序和经济规则。这一切是怎么发生的？数据的力量来自哪里？数据的价值何在？要回答这些问题，最直接的方式是回到事情发生的原点，即解答什么是数据。

（一）数据的概念

有学者这样定义数据，即它是能够被数字化传递或处理的数字形式信息。这指出了数据的一个重要特点，即"能够被数字化传递或处理"，这也是数据成为生产要素的基本条件之一。

数据其实是一个带有鲜明技术色彩的概念，其内涵随着技术的更新与迭代不断延伸，尤其是信息技术的发展使数据的形式和内容都发生了巨大改变。数据曾经就是数字，但现在，文本、声音、图片、视频甚至行动轨迹等都能够先后成为数据，而数据的应用早已跳出了统计、计算、科学研究或技术设计等领域的限制，而是深入社会经济、商业活动和人们日常生活的方方面面。

数据是能够被数字化传递或处理的记录。这里包括两层含义：一方面，数据是观察的产物，是对已经发生的行为、事件的客观或者主观的记录。这种记录可以由人产生，也可以由机器产生；可以来自线上，也可以来自线下。另一方面，作为生产要素的数据，必须能够被数字化传递或处理，不能被数字化传递或处理的记录，无法形成产业效应、支撑社会治理和规模化商业应用以及产生显著的经济效益和社会效益。因此，虽然就存在形态而言，目前的数据有数字化的，也有非数字化的，但随着数字经济的发展，非数字化的数据会越来越少，并终将被数字化。

数据的产生依赖于记录数据的技术工具。不同时期有不同的技术工具，因此，数据的形式和内容始终处于动态变化中。

（二）数据的特点

在数据成为要素的时代，数据的角色发生了改变。数据曾经是人们观察自身、社会和自然的结果，不会自动出现在我们面前。

现在通过各种传感器和智能设备，越来越多的数据自动涌现，令人眼花缭乱，甚至影响人们的思维方式和学习方式。经验变得不再重要，相关关系取代因果关系成为研究的重点。在科技、研究、生产和服务等领域，数据不再只是结果，还成为科技、研究、生产和服务等领域的对象和工具，成为科技、研究、生产和服务等领域的基础和创新源泉。这是数据的第一个特点。

数据的第二个特点是，虽然现在数据越来越容易获取，但相对而言，数据的采集、存储和处理需要较高的前期沉没投入成本，与后期使用时的可复制、可重复使用、可共享、趋近于零的交易成本形成巨大反差。这种特殊的结构和特点，可以从一定程度上解释"数据烟囱"林立、"数据孤岛"密布和数据垄断等令人无可奈何的现状。

数据的第三个特点是，数据可以被生产，不能被销毁，在物理上不会消减或腐化。因此，数据是一种无形的、能被反复交易的生产要素。同时，数据可积累，不同数据之间具有互补性、相互操作性和可连接性。数据与数据的聚合，既可能存在规模报酬递增情形，也可能存在规模报酬递减情形。并不是数据越多，数据价值就越大，数据规模不是数据价值的决定因素，相对来说，数据内容和数据质量更重要。

数据的第四个特点是，数据价值具有相对性，估值困难。一方面，一些数据具有时效性，数据价值随时间变化而变化；另一方面，同一组数据对不同对象、在不同场景下的价值可能大相径庭。数据的大部分价值是潜在的、未知的及不确定的，对数据价值的判断和挖掘将成为数字经济时代最重要的能力。

数据的本质是蕴含在数据背后的信息和知识。至于数据、信息和知识三者之间的关系，我们可以这样理解：简单地说，信息是经过处理的、具有逻辑关系的数据，知识是经过归纳、演绎的有价值的信息，即从数据中提取信息，从信息中沉淀知识。数据本身也许没有任何意义，但是，它是 21 世纪的原材料。数据天然具有技术基因，因此，作为生产要素的数据，与其他生产要素特别是技术要素相结合，可以产生巨大的价值，并赋予其他生产要素强大的能量。这是数据的第五个特点。

二、新基建、数据要素与数字经济

2020 年 5 月 22 日，新型基础设施建设项目（简称新基建）首次被纳入《政府工作报告》中。该报告中明确指出："加强新型基础设施建设，发展新一代信息网络，拓展 5G 应用，建设充电桩，推广新能源汽车，激发新消费需求、助力产业升级。"[①] 经济发展离不开基础设施建设，基础不牢，地动山摇。新基建就是数字经济发展的战略基石，是赋能传统产业和新兴产业的重要支点。

也就是说，数字经济始于数据要素，数据要素始于新基建。

新基建的概念始自 2018 年。2018 年 4 月，我国举办全国网络安全和信息化

---

① 本书编写组. 图解《政府工作报告》2020[M]. 北京：中国言实出版社，2020：23.

工作会议，会议上强调信息基础设施和网络基础设施建设。2018 年，年底的中央经济工作会议上对新基建进行了具体布局。

新基建是一个带有时代感和中国特色的概念，是对数字经济基础设施建设的高度概括。目前，对新基建的具体指向还没有形成统一的规定。为便于讨论，本书提到的新基建，特指以物联网、云计算、大数据、人工智能和区块链等新一代信息技术为支撑的基础设施建设。这五项技术的共同点是，均围绕数据要素的全生命周期开展了一系列创新与应用，推动了数据要素的爆发性增长和大规模使用，并使数据要素产生了规模报酬递增效应。这五项技术出现的时间均远远早于新基建概念提出的时间。从理论上说，这既是一个正常现象，也是一件有趣的事情。

新基建的核心是增强数据采集、存储、传输和计算能力，使信息技术在各领域广泛应用。新基建是数字经济的基础设施，是数字经济发展的基石。

三、数据在数字经济中的价值

遗忘是人的天性，但互联网可以帮助人们记忆，而且是以数据的形式留存。虽然我们不知道未来数据的形式和内容，但我们相信，与现在看起来数量巨大的数据相比，未来数据才是江河大海，取之不尽，用之不竭。

孤立的数据没有价值，数据的价值在于可计算、可量化和可流动。信用曾经是一种道德评价，现在却成为可以进行实时分析和商业利用的数据。当所有的经济活动、日常行为和社会管理活动都转变成数据的时候，数据就不再只是原材料，而是最有价值的商品和生产要素了。在数字经济时代，数据具有长期的价值，可以长久保存。这里的"价值"，泛指人或物表现出来的正面作用和积极意义，而非特指经济学中商品的性质。具体来说，数据在数字经济中的价值，主要体现在以下三个方面：

（一）数据是数字经济的基础与核心

基础和核心是两个容易混淆的概念，但两者的指向意义不同。例如，可以说支付是商业银行的基础性业务，但不能说支付是商业银行的核心业务。实际上，十几年前，商业银行是将支付等业务外包出去的，这也是我国第三方支付行业发展起来的重要原因之一。即便是现在，支付业务的收入也仅占商业银行利润的很小一部分，仍没有成为商业银行的核心业务。对数字经济来说，数据既是基础，也是核心。没有数据，数字经济将成为无源之水、无本之木，数据和数字经济须臾不可分离。新基建是数字经济发展的基本条件，起着支撑数据作为生产要素的作用。数据不但是数字经济发展的基础，也是新基建发展的基础。

就核心而言，数据可以赋能各类市场主体，发挥乘数效应，促进信息化的深入渗透，成为商品价值的有机组成部分，形成经济决策的数据驱动，催生新的经济形态和商业模式，激发组织变革和制度创新。数据不但改变了经济增长结构，而且提升了经济增长质量。

（二）数据是数字经济发展与创新的动力与引擎

数据叠加新基建，很大程度上降低了数据采集、传送、存储、处理和应用的门槛，打破了信息获取的时间和空间限制，促进技术创新跨地域、跨系统、跨业务高效融通，提升了技术创新的速度和维度，形成发展新动能，推动新兴技术在各行各业的应用，为社会经济增长提供内生动力。

数据是企业和社会的重要战略资源，可以带来科学理论的突破和技术的进步，提高劳动生产率。作为引擎，以数据为驱动的创新正逐渐渗透科技研究、经济和社会等多个方面，积极引领国家创新发展。

（三）数据可以促进传统产业的转型升级与效率提升

第一产业构成了农业社会的主要经济形态，第二产业构成了工业社会的主要经济形态，第三产业构成了现代社会的主要经济形态。

随着经济的发展和进步，大规模物质生产的经济增加值所占比重越来越小，传统生产要素对经济增长的拉动作用逐渐减弱。从理论和实践看，所有产业都会从数据的发展中受益，传统产业数字化转型产生的价值远远大于成本。数据不仅为数字经济服务，还可以为传统产业服务，助力传统产业的转型与效率提升。

通过将数据与生产和经营的各个环节进行充分结合，就能够对企业的决策和运营流程进行一定程度的优化与调整，进而有效提高各类传统要素的投入产出与资源配置的效率，最终能够对传统要素价值做进一步放大。基于数据赋能，企业对产业链的各个环节进行数字化的升级改造，提高传统行业的运营效率以及与市场动态接轨的能力，带动传统产业的升级和生产组织模式的转变，推动传统行业的改造和革新。

数字经济一定是市场经济，它不但不会替代工业经济和农业经济，还可以反哺工业经济和农业经济，提升商品品质和产出效率。

第二节　数字经济的运行机理

数字经济的本质是基于新技术应用的连接、联结和协同，深刻影响着经济活动的生产过程、交易过程，并导致主体间网络外部性的产生以及数字经济运行基础的变化。数字经济能够降低实体经济的成本、提高效率、促进供需精准匹配，使现存经济活动费用更低，并激发新模式、新业态，使传统经济条件下不可能发生的经济活动变为可能，推动经济向形态更高级、分工更精准、结构更合理、空间更广阔的阶段演进。

新技术经济范式的展开过程是一个对旧范式的破坏性重构过程。在交易费用、网络效应、分工、产权等理论基础上，新技术经济范式不断向传统领域扩张，新生力量与传统企业展开直接竞争，引发大规模的结构冲突。全社会要素资源向新技术领域大量集聚，创新不断涌现，新的经济生态系统逐步形成，并得以不断完善。

一、交易过程：降低运行成本

数字经济通过优化交易的搜寻过程以及交易的达成和履行的过程来催生新的经济或经济组织模式，并给需求端、供给端和市场端带来结构优化，从而促进经济增长和转型发展。具体而言，信息技术降低搜寻成本、影响经济运行的基本机制可以概括为：信息技术的应用发展极大地降低了搜寻成本，将许多原本被搜寻成本约束或抑制的经济活力释放出来，从而催生了大量的新经济模式。这些新经济模式能够从需求端、供给端和市场端优化经济结构，为经济增长提供新动能。

信息技术通过降低交易达成和履行的成本影响经济运行的基本机制：在信息经济"技术—经济范式"下，随着信息不对称问题日益改善，无论是在企业还是市场中，交易达成和履行的成本都不断下降，许多原本被约束或抑制的新经济组织模式得以涌现。这些新的经济组织模式将从需求端、供给端和市场端优化经济结构，为经济增长提供新动能。

二、生产过程：提升经济效率

分工能够促进生产效率提升已经成为共识。人类社会的发展进步是社会分工推动下的生产、组织、模式不断创新演进的过程，伴随着技术的进步，社会分工已经由最初的产业间分工向产业内的细化分工转移。在信息经济背景下，这种分工细化的活动和趋势越来越明显。在人类社会的最初阶段，企业生产处于自给自足状态，生产中的所有环节都由企业独立完成，专业化程度低、生产效率也很低。同时，企业与产业链环节的互动较少，所需的交易费用也很低。随着人类社会的进步，原有的自给自足模式已经无法满足人们的需求，企业开始将部分生产环节分离出去，通过与其他企业合作来提升生产效率，从而产生了局部的分工，促使生产的专业化程度有所提升，产业链得以扩展，交易费用增加。在信息经济条件下，技术的进步为分工的进一步细化提供了可能，时空界限被打破，主体之间的联系更加便利，企业只专注于单一环节的生产而将其他所有环节分离出去，此时企业实现了完全分工和真正的专业化生产，生产效率得到极大的提升，产业链迅速扩张，企业之间的交易费用也相应增加。

数字经济的发展，在分工规律的作用下，促使许多新的产业诞生，例如，大数据产业就是因分工而从原有产业链中分离出来的专门从事大数据挖掘、分析、利用等的产业。平台经济也是在分工规律下，独立而成的专门从事信息撮合、连接供需方等的行业。概括起来，信息经济的分工特征对供给、需求、市场都产生着重要影响。在供给端，信息经济下的分工更加细化、更加专业，专业化分工帮助主体减少资源浪费、提高投入产出效率、增强竞争力，进而实现生产的规模经济和范围经济。在需求端，信息经济下分工的精细化、专业化，使社会多样化的消费、投资等需求得以满足，产生新的消费、投资领域，提升消费者的效用水平，实现需求的效益最大化。在市场端，信息经济下细化的分工，促使企业在专业领域的竞争力增强，促使该领域的市场集中度提高，市场竞争格局更加复杂。

三、扩散过程：推动组织创新

在数字技术—经济范式下，基于信息技术所产生的网络外部性逐渐凸显，个体的边际收益与网络外部性叠加所形成的个体总边际收益不断扩展，由此形成的外部效应（企业或个人无须付费而获得的收益或效用）随着信息经济中参与者与连接者数量的增长而急速扩展。梅特卡夫定律在信息经济生产和消费领域广泛体现。基于信息技术的网络外部性带来了三种效应：一是溢出效应，表现为利益对于经济活动本身而言是外在的，为社会带来了外部经济利益；二是正反馈，表现为网络外部性会引发局部的自我提高，形成自我强化机制；三是路径依赖，表现为经济主体会被锁定在某条特定的路径上。

以上三种效应会带来信息经济全方位的变革。在需求端，消费者因为获得了更多的不需要付费的收益而提升了总体效用，而消费者规模的不断扩大产生了更多的网络外部性，最终形成效应规模报酬递增。在供给端，在技术方面，企业可以凭借先进技术的外溢效应提升自身的生产效率；在成本方面，企业可以生产更多的产品，分摊固定成本，使单位产品的固定成本下降；在价格方面，企业可以利用产品随用户增加而增加的效用提高价格，通过向第三方受益者索取更高额的费用，如广告等；在利润方面，市场的新增效应远远大于替代效应，可以带来整体利润的增加，最终形成生产规模报酬递增。在市场端，网络外部性往往会造成一定程度的市场垄断，首先达到一定市场规模的厂商往往会成为垄断者，形成壁垒，加大了后进入者进入市场的难度，这就使得信息技术在不断重塑信息经济市场的格局。

四、基础支撑：重构经济形态

信息技术带来了资本、劳动、资金等传统领域产权的深化与重构。在产权基础方面，法律范畴的对物化资产的所有权是唯一"权利源"的传统产权逐渐被信息、创意、知识、能力等进入产权束，边际贡献和能力成为"权利源"为特征的经济范畴的"进入权"所替代，如创意经济蓬勃发展。在产权组合方面，传统领域的所有权、使用权、处置权、剩余追索权受制于信息、成本等因素；在生产领域，有限分离逐渐表现为权利分离泛在化，而且权利分离广泛扩散到经济的每个环节，并初步形成一种新的经济形态，如共享经济等。在产权激励方面，传统领域下参与者分享企业利润是财产所有权下的激励机制，并按照固定约束的劳资契约关系的委托代理机制逐渐被参与者分享企业利润自身能力的贡献，按照参与者意愿的新型劳资契约关系所代替，如"滴滴打车"等新型劳资关系。在产权表现方面，传统企业理论，例如，企业边界由所有权界定，企业组织形式以科层制为主，企业治理目标为防范利己主义风险等逐渐变现为新型企业理论，如企业边界由进入权界定，企业组织形式以扁平化为主，公司治理目标为利润最大化等。

第三节　数字经济的测算

一、数字经济的测算方法比较

对于数字经济发展水平和统计测算的探讨，国际上尚未有统一标准。根据对数字经济界定的不同，定义范围从小到大依次包括三大类：核心定义、狭义定义、广义定义。核心定义认定数字经济是数字经济活动的核心部门，即 ICT（信息与通信技术，Information and Communications Technology）产业；狭义定义认为数字经济是利用数字工具进行经济活动，即以生产数字产品和服务为主导工作的数字部门；广义定义认为数字经济是数字化驱动产业升级产生的经济效应，即数字产业化和产业数字化。受定义内涵影响，国内外组织在测算数字经济的规模上存在差异。

核心定义测算 ICT 产业的结果普遍偏小。狭义定义测算数字部门的规模相对居中。应用狭义定义的测算机构包括国际货币基金组织（International Monetary Fund，IMF）、美国经济分析局（Bureau of Economic Analysis，BEA）、波士顿咨询公司（Boston Consulting Group，BCG）等。广义定义测算数字化赋能，规模覆盖最广。应用广义定义测算的有埃森哲咨询公司、腾讯研究院、中国信息通信研究院等机构以及弗里茨·马克卢普、马克·波拉特等经济学家，测算范围为数字经济驱动产业创新升级的经济贡献。例如，中国信息通信研究院利用数字产业化和产业数字化的定义，测算数字经济的直接贡献和间接贡献，测算数据影响较广，被"G20峰会""数字中国建设峰会"等广泛引用。

应用数字产业化和产业数字化的数字经济广义定义，相较于其他定义，测算数字经济在范围、测算操作、实践经验上均具有优势，可以较为有效地检测数字经济与实体经济的深度融合程度，识别和量化数字经济催生新产业、新模式、新业态的影响，解释数字经济发展的倍增作用，对于壮大数字经济的发展更有意义。

　　一是涵盖更全面、更合理。核心定义测算的范围仅包括 ICT 相关产业，狭义概念测算的范围仅增加主要利用数字化工具的部分新兴行业，如数字媒体等。两者的测算范围普遍偏小，仅测算数字产业和数字部门的直接影响，然而，数字经济与第一产业、第二产业和第三产业的融合发展已经逐步加深，数字商品的渗透效应很难反映在核心和狭义概念中，不能全面监测数字经济的发展情况。应用广义概念测算数字产业化和产业数字化，可以较为有效地检测数字经济与实体经济的深度融合程度，对于监测数字经济的健康发展更有价值。

　　二是操作更标准化。利用核心定义和狭义定义测算，在定义和测算标准中有较多争议。首先是定义范围不够明确，因为核心定义和狭义定义仅需包含数字经济"核心"产业或部门，哪些产业、哪些部门被定义为"核心"在国际上并没有定论。例如，不同国际组织在利用核心定义测算时应用了 ICT 产业、信息产业、互联网产业等不同概念和范围，而应用狭义定义时是否将平台经济、电子商务等纳入数字部门备受争议。其次，随着新兴产业的发展和壮大，一些在测算前期规模较小、不被纳入"核心"的产业或业态的重要性逐步凸显，如果后期纳入数字经济测算会影响测算的跨年可比性，且反复调整测算范围和方法耗时耗力；但如果不纳入，则无法全面监控数字经济。应用广义定义测算，从测算开始就全面考虑了数字经济的直接影响和间接影响，划分标准性较强，不存在人为定义空间。同时，受数字化影响的新兴产业和业态被及时纳入间接影响中进行测算，不用反复修改测算范围和方法，保证了测算的可持续性和规范性。

　　三是实践经验更充足和可靠。监测新兴技术对于经济的直接影响和间接影响的研究由来已久。1962 年，美国经济学家弗里茨·马克卢普建立信息经济测度范式，利用支出法测算来自消费、政府购买、投资、净出口的信息产品及服务总额，测得美国信息经济规模，得到美国政府、学界和社会的广泛认同，对于美国加强科研投入具有重要意义。受弗里茨·马克卢普信息经济理论的影响，经济学家马克·波拉特在美国商务部的资助下，于 1977 年出版的九卷本《信息经济》，将信息部门分为一级信息部门和二级信息部门，分别表示信息活动的直接影响和间接影响，借助生产法和收入法加以衡量。这成为世界各国对信息经济学的研究以及对信息经济测度的典范，被 OECD（Organization for Economic Co-operation and Development，经济合作与发展组织）、联合国等国际组织广泛采用。根据信息经济和知识经济理论基础，中国信息通信研究院将数字经济分成信息通信产业的直接贡献和间接贡献，采用生产法测算数字经济规模，测算中国数字技术应用对行业产出的带动，至今已发布《中国信息经济发展白皮书（2016年）》《中国数字经济发展白皮书（2017年）》《中国城市数字经济指数白皮书（2018年）》《中国数字经济发展与就业白皮书（2019年）》《中国数字经济发展白皮书（2020年）》，测算成果为国内外各界广泛引用。应用产业数字化和数字产业化定义测算数字经济具有权威的理论支撑，其实用性和可操作性得到保障。

二、数字经济的测算方法详述——应用广义定义范围

数字经济是指以使用数字化的知识和信息作为关键生产要素，以现代信息网络作为重要载体，以网络信息技术的有效使用作为效率提升、经济结构优化、组织变革的重要推动力的高级经济形态。数字经济包括数字产业化和产业数字化。其中，数字产业化是指信息产业；产业数字化是指其他行业利用网络信息技术带来的产出和效率提升，以及催生的新兴产业。

数字经济包括数字产业化部分和产业数字化两个部分。两个部分的口径均为增加值，经过去重处理，相加之后与GDP（国内生产总值）可比。数字经济规模是增量而不是存量的概念，与GDP一致，即每年新增的部分。

数字经济总规模 = 数字经济的数字产业化规模 + 数字经济的产业数字化规模

（一）数字产业化部分的计算方法

数字产业化部分为信息通信产业增加值。其中，信息产业分为电信和互联网服务业、软件及信息技术服务业、电子信息制造业三个部分。

其计算方法为：

分行业增加值 = 行业总收入 × 增加值率

其中，行业总收入数据来自工业和信息化部官方统计，增加值率来自国家统计局发布的投入产出表。

（二）产业数字化部分的计算方法

产业数字化部分为信息产品在其他领域应用的边际贡献。该部分通过计量经济学方法计算。

经济产出（可近似理解为 GDP）是经济投入的结果，经济投入包括资本投入、劳动力投入、中间产品投入、自然资源投入等。其中，资本投入被分为 ICT（Information and Communications Technology，信息与通信技术）资本投入和非 ICT 资本投入两个部分。每种投入对产出有一定比例的贡献。例如，某行业在保持其他投入不变的前提下，每增加一单位的信息产品投入，产出会增加相应的份额。加上全部行业 ICT 投入的边际贡献，就可以得到一个国家或地区产业数字化部分的规模。

参照联合国、经济合作与发展组织、国际货币基金组织、世界银行等组织测算信息经济、数字经济、信息化贡献等相关方法，实证研究主要有三种方法：增长核算法、指数法和生产前沿模型法。

增长核算法是指通过适当的函数形式表示出经济体的投入产出关系，并根据要素投入、生产率增长与产出增长之间的数量关系推算出边际产出。

指数法是分析各种经济变量变化最常用的方法，计算信息通信技术和信息资本存量边际产出同样也不例外。数字经济的数字产业化部分指数是指一个数字经济的生产单元（企业、行业、国家或地区），在一定时期内生产的总产出和总投入之比。经常使用的总量指数主要有拉斯拜尔指数（Laspeyres Index）、派氏指数（Paasche Index）和费雪指数（Fisher Index），而在数字经济的数字产业化部分指数的计算中，可主要采用汤奎斯特指数（Tornqvist Index）。

生产前沿模型法的代表性方法是数据包络分析法（Data Envelopment Analysis，DEA），它是以相对效率概念为基础发展起来的一种效率评价方法，特别适用于多投入、多产出的边界生产函数的研究，因而被广泛应用在边际产出的研究中。

测算的主要目的是通过不同国家细分地区或行业的面板数据，对数字经济的数字产业化部分的规模进行测算。对于指数法，其扰动项只是假设它服从非负断尾正态分布，对于其真正的分布形式却无法识别，这会直接影响技术效率和边际产出的计算结果。而生产前沿模型法有三大不足：一是没有考虑测量误差和噪声的影响；二是其观察值到前沿面的偏差都被当作无效率的结果，完全忽略了测度的误差；三是其效率得分仅仅是样本量相对于最好厂商的得分。对于目前中国数字技术处于剧烈变化期的特征事实，以及考虑到我们的测算目的，这两种分析方法显然不太适用。因此，我们对于数字经济的数字产业化部分的测算采用增长核算法，通过采集不同国家、不同行业、不同地区的面板数据，根据要素投入、生产率增长与产出增长之间的数量关系来推算边际产出，对各国或各行业的非信息产业部门的边际产出加总，得到数字经济的数字产业化部分的规模总量。

第三章 企业数字化转型

通常，那些善用大数据与分析的企业，在开发客户和市场洞察方面，比一般企业要优秀得多；在根据分析结果实现流程和决策自动化方面，也比一般企业要高。

企业数字化转型是大势，越来越多的企业投入数字化转型之中。越来越多的企业在运用数字技术升级自己的企业，从而在市场竞争中保持优势，不至于因落后而出局。

基于行业和业务的不同情况，为了避免落后于竞争对手，企业需要重新考虑它们如何在数字化时代发展壮大。由于高速的产品更迭和技术更新以及人类需求的不断改变，那些跟不上时代步伐的企业将失去业务竞争的能力。因此，企业开发数字战略和开始数字转型宜早不宜迟。

本章主要讲述企业数字化转型，从四个方面展开叙述，分别是企业数字化转型概述、数字营销、数字化供应链管理以及企业组织模式数字化改革。

第一节 企业数字化转型概述

一、企业数字化转型的含义

企业的数字化转型是指以数字化技术为基础，以数据为核心，以产品/服务转型为流程优化重构为手段，从而实现企业绩效与竞争力的根本性提升的一系列变革。数字化转型旨在借助数字世界里强大的可连接、可汇聚和可推演的能力来进行产品、业务和商业模式创新，以更低的成本、更高的效率为客户提供更好的服务和体验。

企业的数字化与20世纪90年代开始的信息化是有区别的。传统的信息化，就是将业务数据化，也就是将手工的过程搬进电子系统，用数据将整个业务过程记录下来。最典型的就是各种订单数据、财务凭证，简单来说，就是"记录做了什么"。而数字化是将数据业务化，通过大量的运营数据分析，对企业的运作逻辑进行数学建模和优化，甚至通过机器学习、系统反复学习数据和行为模式，用以指导企业日常运行。信息化时代的首席信息官（Chief Information Officer，CIO）主要关注降低成本、机房维护、网络建设、硬件管理、流程优化等内容；而数字化时代的CIO更关注业务创新、收入增长、行为分析、数据挖掘、人工智能、业务价值、多云管理、自动运维、移动互联、安全态势等内容。可见CIO的使命已经从技术管理者转变为业务领导者。

我们在过去的十多年里大力推进信息化，是因为有太多的领域都存在效率低下的问题。借助信息化的推进，大量的手工信息整理和传递被应用程序和网络轻松搞定。产供销各个环节的信息流转更加高速，也使商业决策有了充足的信息来源。订单处理和库存周转加快，但生产方式还没有发生重大变化。可以说，信息化是以提升既有体系的效率为核心的，但它并没有根本性地改变产品的形态。以汽车为例，通过ERP（Enterprise Resource Planning，企业资源计划）、MES（Manufacturing Execution System，制造执行系统）、WMS（Warehouse Management System，仓库管理系统）、PLM（Product Lifecycle Management，产品生命周期管理）等系统的建设，极大地提升了汽车的生产效率，但汽车作为一个产品，对客户而言并没有发生颠覆性的变化。而近几年，云计算、大数据、人工智能、物联网等新兴技术的不断发展和数字经济时代各种商业模式的创新，让企业管理者看到了业务创新与技术相融合的巨大能量。汽车企业数字化战略的引入，将是贯穿整个企业运营和产品生产全过程的数字化进程，人工智能所打造的自动驾驶将颠覆130多年以来的汽车驾驶方式。智能制造的构建将实现人与机器人无隔离的协作，虚拟现实和3D打印等技术也将颠覆产品设计以及人员培训的方式，等等。

二、企业数字化转型的必要性

传统企业实施数字化转型的难度极高，需要企业在组织结构、商业模式、生产流程、企业文化等诸多方面作出调整。当然，转型带来的优势同样十分明显，从实践来看，成功实施数字化转型的企业能够在 5 年内将企业利润提高 50%。

在数字化背景下开展商务活动，企业面临与以往截然不同的经营环境。身处全新的经营环境，受到数字化相关技术的影响，企业商务活动主体的行为特征、产品属性等都发生了巨大的变化。

（一）数字化背景下企业商务活动环境的变化

传统上，企业的商务活动是在实体环境中进行，其中的时间、空间、连接等要素都相对稳定，企业通常只能在特定的时间点，为特定范围内的某些消费者提供服务，正因如此，类似选址、布局这样的问题在运营管理中就显得特别重要。随着数字化程度的提升，这个环境发生了巨大变化，建立在数字化基础上的虚拟部分在环境中所占的比例越来越大。实体与虚拟的不断融合，丰富了商业实践，带来了更多创新机遇。

为便于理解虚拟环境，可以从时间、空间、连接等要素出发，将实体与虚拟环境进行比较，如表 3-1-1 所示。从时间要素看，数字化背景下外部环境变化加速进行，使得企业很难保持自己的竞争优势；对于消费者而言，数字化技术释放了消费者的时间，消费者拥有更多的闲暇时间，可以按照自身特点发展兴趣，开发潜能。时间维度的扩展，使得消费者对产品 / 服务的需求更趋个性化。从空间要素看，数字化技术将实体店面转移到虚拟的网络空间，可以展示的商品种类不再受到物理空间的限制，帮助企业更好地应对需求长尾现象；而对于消费者，依托互联网，地理位置不再成为限制其消费的因素。从连接要素看，企业之间、产品之间、消费者之间、产品 / 消费者与企业之间的连接都远比过去丰富。虚拟空间中供应链成员之间的交互更加频繁，企业更容易接触到新的交易伙伴；越来越多的智能互联产品，使得产品之间、产品与企业之间、企业之间的联系日益密切；对于消费者，在传统的线下关系中，他们只能维持有限的社会关系网络，而虚拟空间中的社交成本大幅下降，这导致了虚拟空间中的连接数量远大于现实生活。丰富的连接创造了商业价值，推动了以生态圈为代表的创新商务模式的涌现。

表 3-1-1　从时间、空间、连接要素对实体和虚拟环境的比较

要素	实体环境	虚拟环境
时间	流程相对稳定；在特定时间窗口提供产品/服务；竞争速度较慢	产品生命周期缩短；随时满足消费者需求；竞争速度加快
空间	存在实体店面；提供有限产品；服务有限对象	无须实体店面；服务全球消费者；提供更多产品选择
连接	供应链成员相对稳定；产品以相对孤立状态存在	与不同成员连接形成生态圈；产品/消费者之间以多种方式互联

以上分析指出，相对于实体环境，虚拟环境中时间、空间、连接等要素都发生了质的变化。然而，需要指出的是，这两个环境是并存而非对立的，只是在不同行业实体与虚拟环境的程度有所区别。虚拟环境的出现，一方面为企业传统的运营模式带来了冲击，另一方面也为企业的运营管理模式的创新带来了机会。

（二）数字化环境中商务活动主体的行为变化

数字化改变了商务环境的时间、空间和连接要素，也改变了商务活动主体的行为。下面分别从企业和消费者两个核心商务主体的角度出发，探讨其行为变化：

首先看企业的行为变化，如表 3-1-2 所示。在过去，企业聚焦于自己的竞争优势与其他企业竞争，以实现自身利润最大化为目标。在数字化时代，企业则需要以创新消费者价值为最终目标，将与其他企业的竞争关系转变为合作共生关系。在这个过程中，企业的目标变得更为多元化，为消费者提供综合的数据—服务—产品包。企业创造价值越来越多地依托于其所处的生态系统。

表 3-1-2　数字化环境中企业行为的变化

	传统企业	数字化环境下的企业
目标	明确、直接且相对单一；实现利润最大化	多元、不单纯以部分业务单元盈利为目标，而是整体生态系统健康发展
向市场提供	从提供产品到提供"产品＋服务包"	从提供产品，到提供服务包，再到提供"数据＋服务＋产品包"
竞争与合作	以竞争为主，聚焦自己的竞争优势	以合作为主，选择合作企业，共同为消费者创造价值

再看消费者的行为变化，如图 3-1-1 所示。深入剖析数字化环境下消费者

的行为变化，有助于企业更好地了解其面临的市场环境，是企业正确制定运营管理决策的基础。数字化环境下消费者的行为变化可以归纳为移动化、社会化和个性化。

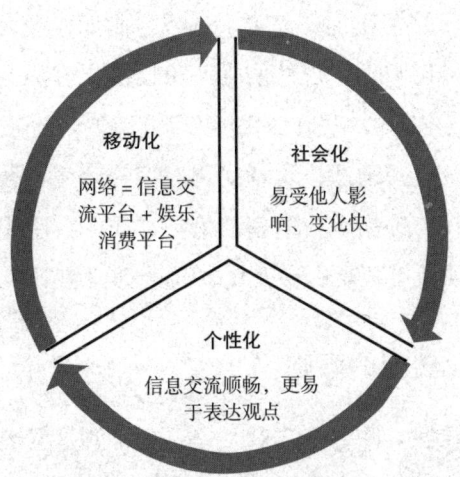

图 3-1-1　数字化环境下消费者的行为变化

（三）数字化环境中产品的变化

无论身处什么样的时代，企业总是通过为消费者提供产品来创造价值。因此，企业运营的核心仍然要围绕着企业所提供的产品展开。

在以数字化为标志的新时代，产品的一个重要特征是智能化。通过大量的传感器、处理器、存储器等电子元器件，智能产品实现了对使用数据的实时抓取。这些数据被企业用于分析消费者的使用行为，或者用于智能产品的自主学习，以便为消费者提供更好的使用体验；而配套的操作系统和应用软件，使得消费者能够在买到产品后，自行完成最后的定制环节，从而可以按照个性化需求控制和使用智能化产品。

数字化环境下产品的另一重要特征是不断增强的连接性。事实上，这种连接不但发生在产品之间，还发生在所有事物之间。各类智能产品进行数据的交互，共同为消费者提供了一个无缝的使用场景。智能产品之间的连接，将看似不相关的活动主体连接起来，能够创造出更多的商业机会。智能互联产品的出现，使得企业由过去提供"产品＋服务包"发展为向消费者提供"数据＋服务＋产品包"，即企业通过分析相关数据，发现甚至创造需求；随后设计相应的服务满足需求；最后以智能互联产品为工具，向消费者提供创新服务，创造价值。

以上分别探讨了数字环境下企业商务活动的环境、主体、产品特征等方面的变化，这些变化对传统的企业管理提出了挑战。例如，经典的预测方法无法充分利用更丰富、多源的异构数据，现有的生产流程优化方法也没有考虑智能设备的自主性和3D打印等技术的影响，已有的供应链协调理论很少涉及生态圈等新的商业模式。一方面，企业必须适应这种变化，综合运用各种数字化相关技术，改进原有方法，优化流程，提高运营效率；另一方面，数字化环境改变了企业竞争的范式，企业应该主动迎接甚至引导变化，通过管理创新实现价值的创新。

三、企业数字化转型的原则

关于企业数字化转型，许多企业有一个误区，就是混淆了信息技术和数字技术的概念。很多企业认为只要通过系统升级，就能够建立大数据体系，就能够实现数字化。即使企业提出了数字化转型，但在做规划时还是由IT部门负责，最后做成的是IT规划，而不是DT规划。IT和DT是不同的。IT规划以IT基础设施和信息系统为核心，服务于企业的业务流程，提升的是流程的效率；而DT规划则要以数据为中心，以数据管理为内核，以数据开发和数据应用为内容，以数据分析和挖掘为手段，服务于企业的经营和管理决策，提高决策的质量和效率。

消费需求的实时动态变化迫使广大企业不得不借助移动互联网、大数据、云计算等数字技术，精准、高效地获取用户需求，从而实现产品和服务的定制化生产。毋庸置疑的是，数字技术正在向各行各业不断渗透，那些只顾眼前利益而不主动进行变化的企业将会被后来者所取代。当然，对于正在积极向数字化转型的企业而言，找到一条行之有效的转型路径就显得尤为重要。需要注意的是，企业的数字化转型是一个庞大而复杂的系统工程，很难在短时间内完成。一般说来，企业在数字化转型过程中，需要遵守以下三条原则：

（一）满足用户的消费需求

满足消费需求是每一个企业的宗旨及使命。这是一个十分简单的道理，但在现实中，从工业时代延续至今的很多行业巨头，依仗自己拥有的垄断性资源和渠道而忽略了消费需求。在为用户提供个性化服务方面，创业公司及中小企业要好得多，当然这与其组织结构相对简单，决策者能够真正掌握用户需求存在较大的关联。在数字经济时代，各个行业之间的界限被打破，很多在一个领域内深耕多年而发展壮大的行业巨头开始向其他领域不断扩张。要将自身转型为以消费需求为核心的数字化企业，企业不仅要具备优秀的数字技术人才，更要变革组织机构及流程，让每一个组织成员积极接受并推动数字化转型，培养用户服务意识，最终使企业在激烈的市场竞争中成功突围。

（二）善用大数据及物联网等技术

随着数字技术的不断普及和推广，越来越多的企业能够获取庞大的数据资源。如何将这些存在巨大价值的宝贵资产完成价值变现，就成为衡量一家企业数字化能力是否达标的重要标志。在现实中，一些拥有海量数据信息却缺乏变现渠道的企业还不少。在通常情况下，企业绝大部分的数据都是"暗数据"（它代表了那些需要企业花费一定的资金和人力成本来存储和管理，但没有有效的手段能够将其完成价值变现的数据）。而且，这些"暗数据"通常被分散在不同的数据库中，缺乏强大数据处理能力的企业，很难利用这些数据描绘出清晰的用户画像。因此，一旦那些掌握暗数据处理能力的创业公司或者跨界行业巨头进入该领域，这些企业就很容易被取代。

因此，企业需要强化自身的数据处理、分析及应用能力，实时、高效地利用数据，从而有效应对市场变化及各种各样的竞争对手。

我国政府实施的"中国制造2025"及"互联网＋"战略，使大量的创业者和企业获得了前所未有的重大发展机遇。以华为、海尔为代表的传统企业，在这场巨大的产业革命中，积极实施转型变革，抓住时代发展机遇，使自身焕发出了强大的活力和生命力。而物联网、智能化等新技术的推广普及必将在各行各业掀起创新热潮。在我国从制造大国向制造强国的转变过程中，物联网等数字技术将扮演十分关键的角色。物联网也是"工业4.0"的重要组成部分，随着我国制造业水平的不断提升，越来越多的企业将会打造出自动化、智能化、高效灵活的智慧工厂，从而极大提升产品的附加值。

（三）全力打造数字化价值链

数字经济使企业可以拓展的业务范围大幅度增加，产业价值链的多个环节都能成为企业拓展新业务时的切入点。当然，企业要想具备这种能力，需要更加高效、灵活地运用数据，这关系到企业能否成功实现数字化业务运营、获取新的利润增长点。一旦一家企业的价值链信息传递不及时、流程不通畅、系统缺乏灵活性，就意味着这家企业在市场竞争中已经丧失了主动权。更为关键的是，企业无法及时获取动态变化的需求信息，并制定相应的策略。企业不但会丧失众多的发展机遇，还会出现内部人才由于无法实现自我价值和社会价值，核心人才集体流失的现象。

复杂性是困扰企业对价值链进行优化的一大阻碍，而随着企业数字化转型进程的不断深入，再加上企业通过数字化技术获取海量的数据资源，企业价值链的复杂性会提升至前所未有的高度。此时，企业需要打造出一个强大的数字化平台，这将帮助企业更加高效地处理设计生产、供应链管理、财务等核心业务，真正实现企业智慧化、便捷化、低成本运营。

通过大数据、云计算等高科技技术，企业可以打破传统业务流程存在的诸多痛点。数字化平台可以帮助企业优化组织结构和业务流程，最大限度地发掘数字化业务存在的巨大价值。以数字化平台为核心的数字化价值链，将帮助企业极大地提升产品和服务的溢价能力。数字化平台使企业具备了对其所有的业务进行实时、高效决策的能力，从而使企业能够在数字化价值链中源源不断地获取高额回报。这样企业就能够将自身的资源和精力集中到为用户创造价值方面，而不是花费到对企业的运营管理活动之中。

进入移动互联网时代后，相继涌现出了海量的数字化企业，也推动了诸多行业内的传统企业进行数字化转型。目前，许多企业正在积极培养数字化人才，寻找数字化转型路径，从而应对激烈竞争。企业管理者需要明白的是，企业的数字化转型不能一蹴而就，企业不可盲目追求速度而忽略转型质量。为了提升转型的成功率，企业可以尝试与专业服务商进行合作，争取在较短的时间内成功转变为数字化企业。

四、企业数字化转型的内容

（一）企业数字化转型的四个维度

数字化转型贯穿产品设计、智能制造和增值服务交付的全过程，因此会涉及企业的方方面面。从顶层设计角度看，数字化转型应从四个维度展开。

1. 客户

在数字化转型的四大领域中，最重要的就是客户领域的数字化转型。对于企业而言，无论是否进行数字化转型都需要持续关注客户，投入大量的精力来满足客户的期望，以提升客户对企业的满意度和忠诚度，这是企业利润的唯一来源，也是企业保持竞争力的关键所在。数字化技术在客户相关领域的应用，能够将企业在客户领域的能力提升到一个新的高度。

数字化提升了企业对客户的洞察力。许多企业不惜花重金去了解客户的真实需求和市场的变化趋势。它在某种程度上决定了企业的战略方向，决定了企业的产品与服务是否能够获得市场的认可，也决定了企业是否能够获得商业利益。为此，越来越多的企业都在理解客户、挖掘客户需求方面应用了大量的数字化技术。例如，利用数字化对客户进行"画像"，从各个维度对客户进行分析，把握客户的喜好和消费倾向；利用社交媒体挖掘客户的新需求，了解客户对产品的满意程度及"槽点"；建立在线社区，与客户保持互动，倾听客户的想法和意见，并及时给出回应。

企业在数字化转型中首先可以考虑扩大业务流程对客户的开放。例如，航空公司通过开通自助值机不仅为客户提供了便利，提升了客户体验，还降低了柜台服务的运营成本。其次，企业可以借助互联网的连接，让客户更多地参与产品/服务的优化和推广。由于数字化实现了消费者和企业的直接对接，消费者对产品/服务的体验和建议可以快速反馈，使得产品优化改进的节奏加快。

在某种程度上，企业应对数字化冲击必须迅速地采取行动，掌握使用数字技术，通过移动、社交、互联网（物联网）和大数据来缩短产品和服务进入市场的时间。但是，只有这些技术本身是不够的，在内部，企业还要将应用程序管理数字体验必须无缝连接到应用程序和系统之中；在外部，供应商、消费者和其他第三方中介需要形成供应链合作伙伴系统。为了抓住机遇，需要适用的技术平台，如果信息系统和业务流程太过落后，则不能利用新技术和新的市场机会。很多企业尚不具备数字技术经验，缺少必要的信息系统之间的联系。例如，客户信息通常存储在多个数字化载体之中，如电子邮件、社交论坛、博客等，这么多类型的数据源很难形成有凝聚力的竞争资源，这种差异可能导致不一致的客户体验。在当今多元化的行业拓展有效市场业务，需要的不仅仅是一个统一的客户数据来源，还需要能够迅速将匿名用户转化为"已知"客户，这样他们才可以进一步被发展成为实际消费者。这需要在海量信息里收集丰富、准确的客户信息，维持供应商与消费者服务端体验的互动循环。

企业应该学会预测客户的需求，提供动态的、引人入胜的交互，并通过每个客户首选的联系方式进行无缝对接。一般来说，有三种成功的经验：一是无缝交付客户体验，通过多个设备和渠道的一致性提高品牌效应；二是为客户量身定制，利用数字化技术和设备匹配用户；三是创新，在数字领域利用新颖的形式、潜移默化的"声音"，吸引顾客区分品牌、增加忠诚度、增加收入。虽然企业可能已经接受了一种新的业务流程管理，这个高度响应系统汇集了所有数字转换的元素，如移动设备、云、大数据和物联网，这些平台允许开发人员可操作地分析嵌入业务流程，并允许用户与企业应用程序和系统的记录智能交互，建立一个真正的数字业务。但企业仍需要解决的问题是，这些数据能说明什么问题？这些问题产生的主要原因是什么？如何做才能有效解决这些问题？例如，理解客户的担忧、适时举办商业活动、消除内部障碍并增加灵活性、利用商业机会和对市场的变化作出反应，作出更好的决策。

2. *产品*

产品与服务是企业的立身之本，是企业的核心竞争力。数字化技术在产品与服务领域的应用，为企业注入了新的增长动力。

产品的转型体现为功能和形式的设计能够密切贴合客户的需求，因此，需要满足丰富的个性化需求，基于智能制造快速跟进消费节奏，并且考虑通过增值服务实现最大收益。同时，数字化将重塑商业模式。企业存在的目的就是盈利，利从何来？在传统模式下，因为企业组织能够连接的客户数量有限，所以它必须把成本分摊到有限的连接中赚取足够的利润，这是普遍的商业模式。如今，数字化技术可以让企业组织突破连接的数量限制，量变产生质变，当连接足够多的时候，获利的逻辑就发生了本质的变化。

以共享按摩椅为例，来看传统产业的商业模式转型。在商场、影院、车站、机场等众多公共场所都会发现共享按摩椅的身影，按摩椅这种价格昂贵、可有可无、买来放在家里占地方的产品，一直以来在国内的销量都不好。按摩椅的生产商意识到销售的局限性，把按摩椅变成按摩服务，投放在人容易疲劳的场景中。用户花很少的钱就可以享受一段时间的休息、放松，同时由于使用的人数足够多，给企业带来了远超单纯销售按摩椅的收益。本案例中商业模式转变的核心在于将"卖商品"转变为"卖服务"，同时构造出适宜消费该服务的多元化场景，诱导大量消费者购买服务以盈利。这种模式成功的关键在于"连接"，基于移动互联网和智能手机终端，将按摩椅与潜在消费者联系在一起，成功将潜在消费者与按摩服务进行匹配，实现了买卖双方的共赢。

3. 运营

在企业的内部运营领域，同样需要进行数字化转型。企业需要从内部进行改变，以支持对外的竞争，从而保证更大利益的实现。运营优化的目的是提升企业决策效率，实现消费端快速反馈，改进服务的客户体验并合理降低运营成本。由于企业间的竞争呈现出从技术、产品等单方面竞争向平台化生态系统竞争转变的趋势，因此企业需要关注构建资源聚集、合作共赢的生态系统。

数字化将进一步提升流程绩效。很多公司为了提升流程的能力和绩效，借助数字化技术来实现流程效率的提升，同时使流程更加富有弹性，可以随时应对企业外部环境和业务变化，这样，企业就能够将注意力集中在更加重要的战略任务上。

数字化技术让企业运营绩效更加公开、透明。借助数字化工具，企业可以轻而易举地将运营绩效向公司内的所有相关人员公布，使得企业组织范围内的所有管理人员对客户以及产品与服务的特性了解得更加深入，这样一来，他们在作出决定时会更加符合真实情况。

流程的数字化还会生成大量的数据流，这些数据流经过数据挖掘将产生更大的价值。除了获得更多、更精确的信息外，数字化转型将在很大程度上改变了企业战略决策的过程。大量的、经过加工的数据将给决策制定提供更多的参考，甚至在未来，机器学习这类新技术也可能应用到战略决策领域，代替人进行决策，让这个决策过程更加智能化。

4. 人力

作为数字化转型的执行主体，人员也需要相应赋能。人员的数字素养将极大地影响变革的进程，也会成为企业的核心竞争力之一。而且，人员的赋能并不仅仅针对企业员工本身，还应该包括企业所构建的生态系统中的相关人员。数字化对人的连接，不仅拓展了人与人的沟通方式，同时让人与人的连接突破了时间、空间和数量的限制，这样的改变也给企业在人力管理上带来了新的挑战。如果企业还保持传统思维来对待人力，那么企业的发展将会受到阻碍。

员工需要随时随地展开工作。在这个时代，还有没有必要在特定的时间将员工集聚在一个特定的场所一起工作呢？

（二）企业数字化转型的五个层级

企业架构框架全面涵盖了从业务战略到关键基础设施的所有层次，其中的每一个层次都应结合数字化转型开展不同的工作。

1. 业务战略

作为数字化转型的起点，企业经营者需要依据数字经济的发展契机思考并明确业务的战略。这将涉及制定企业经营理念、经营策略和产品策略，以及明确数字化生态系统的构建策略。管理层也需要完成数字化领导力转型，更新企业的决策模式，使数据成为决策的关键因素。

2. 业务流程

业务流程将以价值流为基础进行优化，从而在保证最大客户价值交付的同时，也能提升流程的执行效率并合理控制企业的经营成本。数字化时代的一个趋势便是业务流程开发，一方面向上游和下游合作伙伴开放，从而构建支持共享、支持创新的生态系统平台；另一方面向客户开放，让客户更多地参与业务流程的执行，不仅提升了客户体验，也有助于客户意见的快速反馈。当前银行、运营商的业务开通、服务受理、信息查询等流程都极大地开放给了客户，其成效是非常显著的。

3. 数据

数据之所以重要，是因为数据将支撑上面的业务战略和业务流程。企业需要制订一个基于价值的数据治理计划，确保企业经营者可以方便、安全、快速、可靠地利用数据进行决策支持和业务运行。因此，企业需要借助大数据和人工智能等技术，构建组织的数据能力，充分挖掘数据的价值。此外，企业也可以利用区块链技术的特点，让数据在数字生态系统中安全、可靠地流转，实现不可篡改的产品溯源、机构间结算等丰富的模式。

4. 应用

应用程序是业务流程的执行载体，也是数据加工的"工厂"。企业既可以在云计算平台开发满足高并发、大规模运算的分布式应用程序，也可以基于区块链开发 DApp（即分布式应用或去中心化应用），从而实现关键的智能合约。

企业需要发挥云计算的优势，构建整合计算、网络、存储等硬件的统一资源池，打造涵盖数据库、应用 SDK（Software Development Kit，软件开发工具包）、中间件、消息列队、网络文件等系统组件的平台和 API（Application Programming Interface，应用程序编程接口）接口。企业的数字化基础架构也要合理规划与社会数字基础设施的对接，从而构建灵活、可靠的基础架构平台。

5. 关键基础设施

随着中国的数字中心建设高潮消退，企业更多地开始关注如何利用新兴的技术和理念，实现关键基础设施的绿色运营。企业要利用有限的预算投入来实现基础设施的稳定运营并不断降低电力使用效率（Power Usage Effectiveness，PUE）。

第二节　数字营销

20 世纪 90 年代中期以来，随着互联网的广泛应用与大众参与度的大幅提升，数字科技在突破传统传播技术的基础上创造出庞大的数字媒体渠道，消费者的生活方式也发生了巨大的变化。传统的营销模式已跟不上时代的步伐，适用于互联网时代的数字营销应运而生。

一、数字营销定义

对于数字营销的定义，专家学者莫衷一是。随着时代的变迁和技术的发展，数字营销的内涵和外延也在不断更新。有学者认为，数字营销包括两类活动：其一是利用新的交互式媒体（如互联网）在消费者和营销商之间建立新的互动和交易形式；其二是将交互式媒体与营销组合的其他工具结合起来。美国数字营销协会将数字营销定义为：利用数字技术开展的一种整合、定向和可衡量的传播，以获取和留住客户，同时与他们建立更深层次的关系的模式。有的学者把数字营销界定为：用相关的、个性化和成本效益的方式，使用数字分销渠道到达消费者手中，以促进产品和服务销售的一种营销方式。有学者认为，数字营销是利用数字分销渠道推广产品和服务的实践。还有的学者则认为，数字营销是一种适应性强、数字技术支持的流程，通过该流程，企业可以与客户及合作伙伴协作，共同为所有利益相关者创造、沟通、交付和维持价值。综合以上观点，本书将数字营销定义为：使用大数据技术推广产品和服务的营销传播活动，主要包括社交媒体营销、搜索引擎营销、短视频营销和社会网络营销等方式。

二、数字营销方法

（一）社交媒体营销

社交媒体是以互动为基础，允许个人或组织生产和交换内容，并能够建立、扩大和巩固关系网络的一种网络社会组织形态。简单地说，它就是用户信息分享和社交活动的平台，或者可以定义为基于用户关系的内容生产与交换平台。

2002 年 Friendster.com（美国第一个大型社交网站）的创建开启了 SNS（Social Networking Services，社会性网络服务）的第一波热潮。接着，SNS 的概念随着 Myspace（聚友网、"我的空间"，美国在线社交网站名称）、Facebook（脸书）、人人网、开心网等网站的成熟而逐渐被人熟知。作为社交媒体重要代表之一，SNS 的兴起和风靡可以看作社交媒体的崛起。这一时期的数字营销是依托于社会化媒体的兴起而形成的互动营销，企业和消费者在社交媒体的这一"桥梁"上平等对话，在建立良好的品牌与消费者关系的基础上达到促进销售的目的。

由于社交媒体具有互动性、社交性、即时性等特点，用户不只是被动地接收信息，还可以随心所欲地发表自己的观点，与其他用户或商家互动，社交媒体营销因此得以大显身手。企业通过与消费者互动、拉近了与消费者之间的距离，企业与消费者在双向传播中更深入地了解对方，从而达到理想的营销效果。

1. 微博营销

微博，即微博客（micro blog）的简称，是一个基于用户关系的信息分享传播以及获取平台，用户可以通过 Web、无线应用协议（Wireless Application Protocol，WAP）以及各种客户端组建个人社区，单条微博以 200 字为上限，并实现即时分享。从媒介属性上定义，微博是一种通过关注机制分享简短实时信息的广播式的社交网络平台，我们可以从以下几个角度来看微博的定义：

第一，从关注机制角度看，微博用户之间的关注关系可以是单向的，也可以是双向的。

第二，微博传递的多为简短内容。

第三，微博传递的一般都是最新的实时信息。

第四，微博是基于广播式的一种传播，其传递的内容是公开的信息，任何人都可以浏览。

第五，最后一点也是最重要的一点，微博是典型的社交网络平台，也是到目前为止运用广泛且成熟的社会化媒体之一。

微博营销是基于微博这一新媒体平台的营销，是与微博新媒体特点紧密联系，并与其他媒体有效整合的营销方式。

微博营销除了用户覆盖范围广这一特点外，与其他营销方式相比，还有以下几个特点：

（1）立体化

从产品的角度来说，当今社会不仅产品同质化严重，而且，新产品令消费者目不暇接，人们对商品的深入了解往往需要多种途径。在传递产品信息时，哪个企业能做到将信息具象呈现，谁就可能激发消费者的购买欲望，进而使消费者坚定购买信心并采取购买行动；从品牌的角度来说，要提高品牌的"三度"，即知名度、信誉度、忠诚度，都离不开对品牌定位、品牌形象、品牌文化等的宣传，渠道的选择更是宣传工作的重中之重。微博营销可以借助先进的多媒体技术手段（如文字、图片、视频等）对产品进行描述，具有视觉上的直观性和冲击力，使消费者能够全面地了解有关产品和品牌的信息，这就是微博营销的立体化特征。

（2）低成本

在营销策划中，资金预算是非常重要的。与传统的广告相比，微博营销不需要繁杂的行政审批程序，也省去了企业支付给广告刊播平台的费用，这样不仅帮助企业节省了推广费用，而且大大节约了人力和时间成本。在微博上，企业可以发布任何与企业相关的文稿、图片、视频或者网站链接，免费进行企业宣传。

（3）便捷性

微博操作简单，信息发布便捷。人们只需要简单地进行构思，就可以完成一条信息的发布。这比发布博客要方便得多，毕竟构思一篇好博文要花费很多的时间与精力。

（4）互动性强

微博营销的互动性首先体现在给消费者提供发言的机会，其次是可以直接为特定的潜在目标消费者量身定制个性化的信息，使得企业的网络营销活动更富有针对性和人情味。微博具有社交网络的开放性，用户可以对企业微博进行评论、转发等，企业则可以针对特定的潜在消费者进行互动，通过对用户的回复，让用户感受到企业的人情味和趣味性，增强营销效果。

微博营销作为数字时代的一种重要营销形式，逐渐成为企业进行品牌形象塑造、宣传企业产品的重要途径。微博营销具有重要的营销价值，如果企业能发挥其正面的蝴蝶效应，则必将在激烈的市场竞争中占一席之地。

2. 微信营销

作为现阶段最活跃的即时通信工具，微信凭借多样化的功能和强有力的社交关系链获得了大批企业的青睐。与微博相比，微信有更强的黏性和更精准的目标定位，这让微信成为企业数字营销的又一利器。

微信营销主要表现为基于手机或者平板电脑中的移动客户端进行的区域定位营销，商家通过微信公众平台，结合微信会员卡展示商家微官网、微会员、微推送、微支付、微活动等功能，已经形成一种主流的线上与线下微信互动的营销方式。

微信营销是网络创新时代的新型营销方式，因独特的优势而受到企业的关注，越来越多的企业开始利用微信对企业本身和产品或服务进行营销。微信营销的特点主要有以下几个：

（1）低廉的营销成本

传统的营销方式（如电视广告、报纸广告、宣传海报等）通常要耗费大量的人力、物力和财力，微信营销是基于微信这个平台进行的，微信的各项功能都可供用户免费使用，在使用过程中仅产生少量的流量费。与传统营销方式相比，微信营销的成本极为低廉，几乎接近于零。

（2）强大的支撑后台

微信依托的是腾讯，腾讯集团拥有新闻、游戏、QQ 等多种产品形式，其多年的发展积累了广泛的用户基础。在互联网行业中，用户的使用带来流量，进而带来红利，微信与腾讯固有用户关联是微信用户数量如此庞大的一个重要原因。

（3）精准的营销定位

在微信公众平台中，通过一对一的关注和推送，企业不仅可以向粉丝推送相关产品及活动信息，还可以建立自己的客户数据库，使微信成为有效的客户关系管理平台，通过用户分组和地域控制，针对用户特点，将信息推送至目标用户。此外，在朋友圈信息流广告中，企业可以借助微信后台掌握的标签化用户数据，使目标用户的触达更加精准。

（4）信息交流的互动性

微信的载体是智能手机，这意味着只要拥有智能手机，无论何时何地，企业都可以与客户进行互动，了解客户的需求，进而满足客户的需求。微博营销虽然也可以与粉丝互动，但及时性远远比不上微信营销。而且与微博的开放性不同，微信在进行信息交流时具有私密性，更能够体现社会化媒体的强关系。

（5）信息传播的有效性

企业利用微信公众平台向客户推送信息，这能保证客户 100% 接收到企业推送的信息。另外，客户是因为对产品或企业感兴趣而自愿扫描企业二维码或输入账号添加官方微信的，因此，当接收到来自企业官方微信的信息时，他们能有效地关注所接收的信息。

（6）多元化的营销模式

微信营销拥有位置签名、二维码、开放平台、朋友圈信息流广告、微信公众平台、微信小程序、LBS 竞价广告等多种营销模式，这些模式各有特点，企业可以针对不同的营销目的选择不同的模式组合。另外，微信支持多种类型的信息，不仅支持文字、图片的传达，而且还可以发送语音信息，这使得企业可以更好地完成与客户之间的全方位交流和互动。

3. SNS 营销

社会性网络服务（Social Network Services，SNS），是指帮助人们建立社会性网络的互联网应用服务，如 Facebook（脸书）、人人网、开心网等。SNS 营销就是利用 SNS 网站的分享和共享功能，在六度空间理论的基础上实现的一种营销。

SNS 营销的载体是 SNS 社交网络平台，其理论依据是六度空间理论，SNS 社交平台有广泛的用户群，用户群之间形成了强关系链。可以说，SNS 平台具有自己的特点，基于 SNS 的营销活动也具有独特的优势。其特点包括以下几点：

（1）传播速度快、范围广

SNS 是由兴趣爱好相同者组建的网络社区，用户之间联系密切，关系黏性大。这种特殊的网际、人际传播方式使社区内的信息传播更有爆发迅速的特点，能够在很短的时间内聚集大批用户的关注；同时，由于社区用户的参与度和分享度都比较高，社区热点事件往往能够借助各种渠道和方式得以大范围传播。因此，SNS 营销借助网络虚拟社区，具有信息传播速度快的特点。

（2）影响力比较大

SNS 社区的出现为广大网民提供了发表言论的平台。以共同兴趣爱好为基础组建的社区具有更好的用户黏性。当企业在社区传播产品和品牌信息时，社区内很容易形成对产品或企业评论的较强声音，从而对消费者的消费选择产生较大的影响。现在，社交网络无疑已成为企业进行口碑营销的主要平台。社区意见领袖的影响力也与日俱增，对传统话语权的冲击开始出现，社区意见领袖对普通网民的影响力日益增强。

（3）互动性、体验性强

互联网技术的迅速发展使得网民上网时间不断增加，上网习惯更加成熟，主要表现在网民用户更乐意主动获取和分享信息，用户显示出高度的参与性、分享性与互动性。如果 SNS 社区用户发布新的信息，那么其社区内的朋友一定会立刻收到更新的动态信息。所以说，SNS 最大的特点就是能充分展示人与人之间的互动，这恰恰是一切营销的基础所在。

（4）营销成本低

SNS 社区的最大特点就是社区参与者都是基于某种兴趣爱好聚集在一起的，社区用户关系有很好的黏性。在此基础上，SNS 信息传播的对象主要是社区用户，扩散方式主要是众口相传，因此，与传统广告相比，无须大量的广告投入，可借助用户评价的病毒式扩散获得更大的影响力。

（5）精准营销，真实营销

SNS 网站的精准性完全基于网站用户的真实性，作为真实关系网络延伸的 SNS 网站会员，信息的真实度与其他互联网应用形式相比是较高的，同时，我们也可以依据用户信息和朋友圈去判断一个用户的真实程度。在广告主看来，SNS 网站最吸引人的一点就是有大量用户真实、详细和准确的资料，SNS 网站可以通过这些注册信息非常详尽地了解每一个用户的基本信息，从用户的使用行为中分析出用户的兴趣、经历、偏好、朋友、购物记录，这为精准营销活动做好了数据积累。对于这些用户人口统计和行为信息，网站可以很轻松地将其转换为一个广告网络。

总之，对于传统企业而言，SNS 的营销价值就在于其庞大的用户量、极好的用户黏度、良好的互动性以及强大的信息分享和传播功能。SNS 的核心是人际关系，把相同爱好、相同行业的用户群体聚合起来，形成信息共享机制，能有效地激发用户的活跃度和黏性，这就说明用户才是 SNS 整个价值链条的核心。

（二）搜索引擎营销

搜索引擎营销是通过搜索引擎营销网站实施的行为，包括提升自然排名、广告付费排名，或者这两种方式的结合，以及其他和搜索引擎相关的行为。更简单地说，是指一系列能使网站在搜索引擎上显著的营销技术，这样能吸引目标受众访问网站。这些技术包括搜索引擎优化（Search Engine Optimization，SEO）和按点击付费（Pay-Per-Click，PPC）。

搜索引擎优化是指通过对网站的标题、结构、内容等要素进行合理的设计，采用一系列技术手段使网页在自然搜索结果中获得较高的排名，方便用户及时有效地获得信息。它不需要向搜索引擎服务商付费，也具有较高的可信度。搜索引擎优化有两层含义：

第一，对搜索引擎友好，以获得更高的搜索结果排名。在大部分的查询过程中，用户只翻看搜索引擎返回结果的第一个页面。如果没有满意的结果，搜索者会返回搜索框重新输入关键词进行检索。

第二，对用户友好。网页的界面美观、清晰、简洁，方便用户寻找信息。搜索引擎优化的最终目的是使用户能高效地找到所需信息，用户是搜索引擎优化的最终目标。

按点击付费是指企业购买相关的关键词，当用户输入与关键词相关的搜索请求时，页面的付费结果栏会出现企业放置的网页，按点击付费有固定排名和竞价排名两种形式。固定排名是指当用户搜索关键词时，企业网站出现在页面的固定位置，这种广告费用较高，能够有效地阻击竞争对手，适合大型企业，但缺乏灵活性。竞价排名是指针对相同的关键词，根据点击率不同对关键词进行排名，付费越高的排名越靠前。竞价排名方便了企业对账户的监控，同时提高了广告效果。竞价排名 1998 年由 Overture（原名 GoTo，是互联网上主要的商业搜索服务提供商，隶属于雅虎公司）公司提出，随后谷歌推出了 AdWords（赞助商链接，Google 右侧广告）竞价排名广告，2001 年百度将竞价排名引入中国，2004 年，谷歌推出了比 AdWords 更先进的 AdSense（广告服务，相关广告）关键词付费广告模式。

搜索引擎营销的优势非常明显，包括以下几个方面：

（1）精准度高

用户通过搜索引擎进行搜索是自身客观愿望和需要的真实表达，搜索引擎可以根据用户输入的关键词推送广告。随着大数据、云计算和人工智能等技术的发展，搜索引擎服务商不仅可以分析实时关键词，而且可以根据用户过去的搜索请求分析用户的习惯、爱好和需求等，向用户精准推送广告。

（2）交互性强

用户基于自身需求和愿望进行搜索，是一种主动的、积极的信息寻找，在传统广告中，广告主向大众传递商业信息、消费者只能被动消极地接收信息。

（3）成本低廉

搜索引擎优化不需要向搜索引擎服务商付广告费就可能在搜索结果中占据较高的排名，进而提高网站的点击率。关键词广告则依据点击量付费，点击费取决于为关键词设定的价格。

（4）覆盖面广

随着技术的不断进步，计算机、智能手机将进一步普及，搜索引擎的使用人数也将进一步增加。

（5）灵活多变

在传统营销方式中，广告内容很难更改，搜索引擎营销可以根据社会热点、用户搜索习惯和兴趣爱好等及时更改关键词和广告内容，以便快速适应市场变化。

（6）投资回报率高

在达成业务目标方面，搜索引擎营销比网页广告条更有效，大部分企业对搜索引擎营销的投入回报率表示满意。

（7）巧用搜索引擎定位

不管用户是否点击网站，搜索引擎结果都可以提升品牌知晓度。搜索引擎结果是网络营销的大门，一些新品牌可以采用搜索引擎营销，将自己的品牌与相关品牌放在一起进行市场定位。例如，有一家新的酒店 A，它利用搜索引擎将自己与万豪、希尔顿、四季酒店放在一起，当游客搜索"A 酒店"时，理所当然地会认为酒店 A 是一家很棒的豪华酒店，要不然它不会在搜索结果中排在首页。

（8）提高评价交流和问答平台的可见度

在搜索中，人们除了了解产品的价格、功能及对比品牌外，还有重要的一点是看"其他用户的评价"。在对用户行为进行监测后进一步发现，搜索者主要通过广泛地参与问答平台、社区和博客中，了解其他经验人士对目标商品或服务的看法和建议，并结合垂直网站提供的报道和对比评测，来最终决定购买和交易。

搜索引擎营销也存在着劣势，如点击欺诈。竞价排名广告按照点击量付费，无点击不付费。竞争对手为了消耗对方广告的预算、使自己的广告排名靠前，可能会恶意点击。另外，广告代理商也可能为了获取较高的佣金而恶意点击。例如，一个公司在搜索引擎中为按点击付费广告支付了大量的钱，但是，根据流量追踪统计，这些流量中夹杂着很多来自其他国家的 IP 地址，实际上这个公司在这些国家根本没有客户，这意味着这个公司遭遇了点击欺诈。

新技术的发展可以为搜索引擎营销的发展提供更好的环境。例如，2013 年 4月获得美国媒体分级委员会（MRC）认可的网页广告新技术 Active View，通过该技术，谷歌能够计算广告在屏幕上展示的时间，并依据美国互动广告局推出的标准，将每次广告展示面积达 50% 以上、存续时间在 1 秒以上的"可见"广告视为已经被真人浏览并列入浏览次数统计。

（三）短视频营销

短视频是一种互联网内容传播方式，一般是指在互联网上传播的时长在 1 分钟以内的视频内容。随着移动终端的普及和网络的提速，短、平、快的大流量视频内容逐渐获得各大平台、粉丝和资本的青睐。不同于微电影和直播，短视频制作并没有像微电影一样具有特定的表达形式和团队配置要求，反而具有生产流程简单、制作门槛低、参与性强等特点，又比直播更具有传播价值。短视频既可以为用户提供一个自我展示的平台，又可以成为企业数字营销的新阵地。

从全球范围看，国际互联网巨头正大力拓展短视频业务。在国内，短视频已经成为各个厂商执行拉式策略、从事广告和消费者促销活动的重要工具。短视频主要有如下几种类型：短纪录片、网红型、草根恶搞型、情景短剧、技能分享型、街头采访型、创意剪辑。

近年来，短视频营销发展十分迅猛，短视频营销的价值逐渐被市场认可。

首先，满足眼球快感，提高品牌好感。短视频是一种快餐式的内容，在极短的时间内传达出一个品牌的理念和形象。根据人脑的记忆习惯，广告记忆度与视频长度成反比，即随着视频长度的增加，用户对广告的记忆度将随之下降。短视频 App 将视频时间限制在 10 秒以内，一方面，是因为"七秒定律"，这样短时长的视频影像更容易在受众的脑海中留下印象，相较于文字和图片，短视频全方位刺激用户的感官体验，给用户带来沉浸感，使其对品牌有一个全方位的感知。在注意力稀缺的时代，短视频能够在极短的时间内满足用户的眼球快感，减少用户的阅读压力，在无形之中提高了用户对品牌的好感度。另一方面，短视频利于传播和分享，短短几秒或十几秒的视频不会占据用户手机很大的空间，适合用户在社交网络上分享，或者保存在手机里。

其次，实现低成本高效率的营销传播。短视频成本低，制作周期短，较于传统广告，费用较低，给企业试水短视频平台提供了很大的吸引力。短视频如今已经成为一种生活方式的代表，具有天然的娱乐性和碎片化的特点，在社交化时代更有传播力，具有巨大的商业价值。企业通过短视频传播自己的品牌，符合用户的使用习惯，从而能够达到流量变现的目的。企业还可以通过大数据等技术手段，结合用户的使用偏好和企业的定位，实现精准化推送，制作更加符合目标客户需求的短视频，唤起用户的情感共鸣。

（四）直播营销

直播营销是指在现场随着事件的发生、发展，制作和播出节目的营销方式，该营销活动以直播平台为载体，达到企业获得品牌的提升或是销量的增长的目的。

直播营销是一种营销形式上的重要创新，也是非常能体现出互联网视频特色的板块。对于广告主而言，直播营销有着极大的优势。

第一，从某种意义上来讲，在当下的语境中，直播营销就是一场事件营销。除了本身的广告效应，直播内容的新闻效应往往更明显，引爆性也更强。一个事件或者一个话题，相对而言，可以更轻松地进行传播和引起关注。

第二，能体现出用户群的精准性。在观看直播视频时，用户需要在一个特定的时间共同进入播放页面，但这其实是与互联网视频所提倡的"随时、随地性"背道而驰的。但是，这种播出时间上的限制，也能够真正识别并抓住这批具有忠诚度的精准目标人群。

第三，能够实现与用户的实时互动。相较传统电视，互联网视频的一大优势就是能够满足用户更为多元的需求。用户不仅仅实现了单向的观看，还能一起发弹幕吐槽，喜欢谁就直接献花打赏，甚至还能动用民意的力量改变节目进程。这种互动的真实性和立体性，也只有在直播的时候能够完全展现。

第四，深入沟通，情感共鸣。直播，这种带有仪式感的内容播出形式，能让一批具有相同志趣的人聚集在一起，聚焦在共同的爱好上，情绪相互感染，达成情感气氛上的高位时刻。

2020年7月1日《网络直播营销行为规范》实施，进一步规范了网络直播营销活动，为营造良好市场环境、促进网络直播营销业态健康发展，提供了制度保障。

（五）大数据精准营销

随着互联网技术的不断提高，网络内容不断丰富，消费者生活方式日益数字化，消费者在互联网上留下了大量的数据"足迹"，数字营销进入了一个新的阶段。

这一阶段的数字营销与前两个阶段的最显著区别在于，通过对大数据的挖掘，企业可以做到比消费者自己更了解他们。也就是说，基于消费者在门户站、搜索引擎、电商平台等留下的数据，可分析出他们的消费习惯和偏好，企业的营销可以有的放矢，更加精准，在减少无效营销的同时，大幅提升消费者体验和营销效果。

人工智能这一新技术引发的"智能革命"也波及营销行业，基于人工智能的数字营销的显著特征在于它拥有类似于人类的智慧。例如，饿了么推出的语音点餐系统，依托于智能语音设备，通过语音交互的方式实现点餐流程，以最大限度节省点餐时间和人力成本；阿里巴巴开发的人工智能设计师"鲁班"，在"学习"了淘宝和天猫平台上海量的海报作品以后每秒能自动创作 8000 张海报，然后向不同的用户推送不同的海报，实现"千人千面"。人工智能不论是成本控制还是作业效率都显示出惊人的能力，都昭示着人工智能巨大的技术潜能以及对现有营销作业链的冲击力。基于人工智能的智慧营销除了更加精准之外，还更加智能化和自动化，这让消费者的体验和使用便利性都得到了巨大的提升。

第三节　数字化供应链管理

一、现今供应链管理商业模式

随着全球化进程的不断提速，中国制造企业挑战除了继续受传统的"牛鞭效应"（供应链上的一种需求变异放大现象）影响外，互联网与电商浪潮带给供应链上的需求波动也是巨大的。如果不能顺利解决信息不对称的问题，管理数字化供应链的难度就会越来越大，对供应链的逐步发展也会有很大的影响。

按照美国供应链委员会的定义，供应链囊括了涉及生产与交付最终产品和服务过程中的一切活动，从供应商的供应商到客户的客户。供应链管理包括了管理供应与需求，原材料、备品备件的采购、制造、分装配送，物品的存放和库存查询，客户订单的录入和管理，渠道分销到最终交付用户。供应链是一个非常复杂的网链模式，覆盖了从原材料供应链、零部件供应链、产品制造商、分销商、零售商直至最终客户的整个过程。

在实际的供应链运作中，有一个品牌核心企业处于主导地位，该企业扮演着对供应链上的信息流、资金流和物流的调度与协调中心的角色，其他节点企业在主导企业需求信息的驱动下，通过供应链的职能分工与合作（生产、分销、零售等），以资金流、物流或/和服务流为媒介实现整个供应链的不断增值。

改革开放40多年来，我国经济有了巨大发展，GDP已经名列全球第二，但当前中国经济仍处在以"分销模式"为主导的市场经济初级阶段，主要特征是产品制造业通过授权代理商进行产品分销和销售。集中体现在遍布全国的各类专业市场，如食品城、服装城、建材城、汽配城、家具城、机电城、花木市场等。各类产品代理商聚集在这些专业市场中进行商品分销，并通过各类社区服务店或专业服务商的采购备货销售到千家万户。

数字化的供应链管理与管理信息系统息息相关。顾名思义，信息系统就是为供应链管理服务的基础。为了能够高效地完成供应链所负责的任务，供应链管理数字化不但需要结合企业现状，还要在勘测信息系统供应商服务水平的基础上按照一定的路径量力而行。

随着新兴技术的发展和应用普及深化，可以把企业信息化到互联网化过程划分为以下三个阶段：第一阶段1985—2005企业信息化时代，第二阶段2006—2020消费互联网时代，第三阶段2021—2035产业互联网时代。

中国企业信息化发展已经进入互联网的下半场——产业互联网时代。消费互联网主要解决家庭消费的便利性与效率，而产业互联网则是聚焦垂直产业链的运行成本与交易效率，这也是"中观"经济运行效率的重要内涵。供应链管理商业模式处于从"分销模式"到"连锁模式"的升级阶段，每个产业的商品流通环节让位于几家连锁化供应链平台企业，因此出现了海量流通商通过网上商城进行产品销售的中国模式。

在分销模式主导下，每一个垂直产业里，流通环节混乱，众多分销商组成了多层级分销结构，产品库存散布在成千上万分销商和零售商的仓库中，不仅造成了大量产品积压和滞销，而且导致了物流业的高成本与交付复杂性。流通环节较低的进入门槛，让产品制造业看似都有市场销售机会，但却导致制造业数量众多、规模小、地域分散（如有些区域扎堆形成的"产业集群"）的现象出现，根本不能提高规模化生产的效率，同时也缺乏资金形成创新能力。

二、供应链管理的数字化变革

随着全球化进程的加速，企业的供应商可能遍及世界各地，供应链的管理难度也变得越来越大。只有跟随市场脚步，建立数字化供应链，才能使得供应链系统的收益最大化，提高企业的核心竞争力。

（一）供应链数字化是网不是链观点变革

在传统模式下，企业的供应链像"链条"一样一步步按顺序操作，上游原物料商的供应如果出现问题，那么下游厂商的出货必定受到影响，进而导致整个市场缺货。在数字时代，这一"链式"运行模式已被颠覆。云计算、物联网、大数据等数字化技术将企业供应链的运营从"串联"改造为"并联"，多个步骤可以同时进行，大大加强了企业内外部的互联互通，更进一步提升了企业与供应商、客户之间的联系，甚至构建了整个生态系统的协同关系，从而将链式的供应体系升级为网状的供应体系。供应链由"链"到"网"的转变给企业带来了许多机遇，但要抓住机遇对企业来说并非易事。

（二）供应链数字化长期改变而非短期改变观点变革

有效的数字化供应链将大幅提升效率、降低成本，这也是大多数企业对供应链进行数字化转型的主要诉求。但在传统成本思维的束缚下，企业管理者大多抱着"头痛医头，脚痛医脚"的目标，寻求短期内的改善。以修补的短期心态来进行数字化的企业无法将数字化供应链的价值最大化。在数字时代，企业需要对供应链进行长期改变，打造无可取代的运营生态系统。在企业内部，运营生态系统可以通过数字化技术实现供应链各个环节间的无缝连接，提高供应链各环节的可视和协调，有效控制风险，提高整个供应链的透明度；在企业外部，运营生态系统可以将相应信息和突发问题实时反馈给客户或上游供应商，做到及时与客户沟通，快速解决客户问题，提高客户满意度。此外，生态系统便于企业积极收集外部数据，为企业提供更多洞察和有价值的信息。简而言之，企业需要把数字化供应链目标从"短期局部性改善"提升为"长期根本性变革"。

（三）供应链数字化从成本中心到利润中心观点变革

在传统的企业运营中，供应链通常只是 CEO 与 CFO 们在考量减少财务报表中"成本"项目时才会被提及的单位。如果把供应链的价值局限在降低成本和提高效率，那么供应链的改良也只能为企业带来成本相关KPI的改善。

在数字技术的助益下，供应链可以使用更少的资源完成更多的目标。更进一步，企业领导者可以开始思考如何应用数字化技术来触及从前接触不到的间接合作伙伴（如客户的客户、供应商的供应商等），进而掌握从前掌握不了的资源，从而在当今更为复杂和激烈的市场竞争环境中，借由与销售单位合作来直接满足客户不断变化的需求，将供应链由消耗资源的"成本中心"转型成为一个提供服务的"利润中心"。这是很多企业尚未发现的数字化供应链更深层的价值。

更具体地说，企业可以通过B2C电商的模式来搭建与客户间的一站式协同平台，同时通过移动互联与社群的技术，建立与客户（甚至客户的客户）之间紧密的合作关系，简化针对客户的用户流程，提升客户体验。此外，数字化供应链还可以通过大数据挖掘客户需求变动的趋势，再结合全球或区域经济发展状况和消费者偏好变化等外部因素，去主动感知客户需求进而建议客户的订单数量，提升企业在与客户交易过程中的主导性。

在数字化技术全方位的助益下，供应链将同时具备降低成本与提升利润的双重身份，数字化供应链使得企业能够更精准地把握客户需求，提高客户体验和服务水平，让企业和客户、企业与供应商形成价值网，构建互联互通的生态系统，共同设计、共同创建、共同生产、共同创造更大的市场价值。

（四）数字化供应链观点变革

（1）体验至上——"易"

企业须通过电商平台与移动端等数字技术，简化客户与企业的交易模式，确保更具弹性的端到端用户体验，提高客户的满意度和企业内部运营效率。在数字化环境下，企业运用B2C电商模式的概念通过云、大数据分析、物联网等新兴技术打造B2B协同平台，在与客户间的无缝互动和协同过程中，建立起以客户为中心的运营模型，并实现从线下到线上的转型。

（2）主动感知——"准"

大数据与认知运算等数字技术能帮助企业对产品和服务的未来需求提供精准、深入的理解和感知，实现从"描述需求"到"预测需求"的转型，确保所有的合作伙伴都在一个共同的计划体系下运营。认知技术与人工智能的应用让企业可以提前感知需求，进而主动且智能地根据感知的需求调整计划；结合移动端与网络社交等互联网技术，可建立企业内部跨部门的共享互动的集成供应链计划机制与平台，有效提升供应链整体运作效能。

（3）实时可视——"智"

企业可通过大数据、物联网等技术，构建具有实时可视、智能分析、决策执行三层架构能力的新时代智能塔台，从共享服务中心的视角协调整个供应链，促进供应链完成从分散到集中的转型，实现整个供应链协同、敏捷、一致的智能运营。

（4）"透"——完全透明。大数据与云储存技术可以帮助企业清晰、透明地勾勒出供应体系全景图，展现出与各个关键部件供应商的层级关系，从而识别出关键的供应路径。在企业与多级供应商信息交互的过程中，对供应商的库存、产能、质量等信息进行监控，实现主动风险管理。同时，企业也能够利用云、物联网、社交媒体等技术对全球事件进行扫描，结合认知技术识别相关风险事件，及时对风险作出响应，保证供应的连续性。

（5）卓越可靠——"精"

精益管理，即运用云储存与物联网等技术，结合精益生产的理念，不断优化产品质量和运营效率，实现制造和物流体系从自动化到智能化的转型，将成本效能最大化，加速产品不断地创新，打造可靠、高效、低成本、高满意度的生产运营体系；通过机器学习、大数据分析等技术构建以客户为中心的、动态弹性的生产和物流流程，深度挖掘出现质量问题的根本原因，用预测性分析主动管理设备维护，提高整个生产和物流的可靠性。

（6）即插即用——"敏"

"敏"指建立起即插即用的供应链网络，完成整个供应链从固定到弹性的转型，以应对全球化背景下日益复杂的环境并支持多市场分类，促使企业对其端到端运营建立起准确的模型，对成本、服务、风险和持续性等多方面进行优化，在成本和客户满意度之间找到最优的平衡点，打造敏捷、快速响应、持续改进的供应链。

上述六个观点变革点中了数字化供应链的要害。

第四节　企业组织模式数字化变革

一、企业组织模式数字化变革的必要性

传统的企业组织结构表现为层级结构。这种组织结构有多个管理层次，并有一套复杂的操作程序来决定报告渠道、权力层次、部门特权、工作界定和操作规则。在企业内部，高层、中层、基层管理者组成了一个金字塔形状的结构。其中，董事长和总裁位于金字塔顶端，他们的指令通过一级一级的管理层，最终传达到执行者；而基层的信息则通过一层一层筛选之后，最后达到最高决策者。层级结构的组织形式源于经典管理理论中的"管理幅度"理论。该理论认为，一个管理者由于精力、知识、能力、经验等因素的限制，只能够管理有限的下属。随着下属人数的增加，可能存在的相互人际关系将逐渐复杂，信息量和管理难度也会进一步增加。当下属人数达到一定程度时，就超越了管理者所能有效管理的范围。而且，越往高层，一个管理者所能有效管理的下属越少。在一般情况下，基层管理者能够有效管理的下属不超过 15～20 人，中层管理者能够有效管理的下属不超过 10 人，高层管理者能够有效管理的下属不超过 7 人。当一个组织的人数确定后，由于有效管理幅度的限制，就必须增加管理层次，管理层次与管理幅度成反比。在传统管理模式之下，当组织规模扩大，而管理幅度又极其有限时，管理层次就会逐步增加。20 世纪 80 年代，在美国通用汽车和 IBM 这样的巨型企业组织中，最高领导层与工人之间就有多达 12 级的管理层。

很显然，传统金字塔形状的层级组织结构同工业经济时代高度的专业化分工协作与实现规模经济效益的要求相吻合，适应了工业经济时代信息传递的技术要求和企业高层管理者的要求，给工业时代的企业带来许多优势。但是，在数字技术广泛应用的背景下，企业的外部环境和内部生产方式发生了很大变化，传统企业组织结构的弊端越来越明显。

第一，严格的等级管理层次影响了信息传递的速度和效率，而且，信息在传递过程中有可能逐渐丢失或被误解。

第二，等级组织结构割裂了部门间及职能间的联系、交流与学习，不利于创

新、协调与合作，影响企业员工的积极性、主动性和创造性的发挥。

第三，由于管理层次较多，业务流程分散割裂导致企业的市场适应能力下降，无法提供严酷竞争下所需的灵活性和反应能力，阻碍企业的生存与发展。

二、企业组织模式数字化变革的措施

（一）敏捷开发产品

针对组织的敏捷性，麦肯锡于 2017 年 10 月发布的一份研究报告 "*How to Create an Agile Organization*" 就给出了明确的定义——"快速调整战略、结构、流程、人员和科技以获得产生价值和保护已有价值机会的能力"[①]。

对整个组织来说，敏捷十分重要，这主要是因为数字化时代需要组织能够快速应对外界的变化。现在，我们身处的世界变化太快了，有时候一觉醒来，就有新的变化在刷新我们的世界观。这种快速变化让组织不得不快速地调整，以保持自己的竞争优势。

在这个时代，客户的需求多变，传统的"瀑布式"软件开发方式已经完全不能满足市场的需求，而敏捷开发这种以客户的需求为中心，采用迭代方法持续交付客户价值的开发方法，已经越来越被实践证明是适应数字化时代的开发方法。因此，敏捷开发产品也是企业组织模式数字化改革的重要措施。敏捷开发方法能够跟上时代变化，事实上，不仅客户的需求时刻在变化，就连项目环境也在不停地变化，敏捷开发方法更关注价值，而非约定好的功能实现；敏捷开发主张简约，不论是开发过程的文档还是需要建构的功能，都要把有限的时间和精力花在最有价值的部分；敏捷开发要求快速反馈，从开始采取行动，到获得行动的反馈，二者之间的时间至关紧要，当与其他人一起工作时，每个人的想法都可以立刻获得反馈。

（二）建设敏捷团队

在数字化时代下，对企业组织模式进行数字化变革还需要对团队加以改进创新。如果要快速推出数字化产品，以响应市场的变化，那么敏捷开发方法的应用

---

① 老狗的图书馆.【众译】麦肯锡：如何建立敏捷性组织？[EB/OL].（2021-7-14）[2023-11-15].http://www.360doc.com/content/21/0714/18/10061_986554857.shtml.

是必要的，而要让敏捷开发方法发挥最大能力，则必须依赖于敏捷团队的建设。

首先，人与人的信任和协作关系不会因为把他们放在一起就立刻建立，这需要一个过程，而这个过程往往是人们在共同经历了挫折与失败、成功与荣耀之后才形成的。

其次，临时组成的团队成员并不会因为把他们放在一起，便就此紧密联系在一起，他们仍然带着因为利益关系而形成的固有思维和价值观，尤其是当他们知道最终还会回到原来部门去的时候，这就更难让他们之间形成真正的协作。

最后，对于团队成员而言，是在原来工作的基础上增加了新的工作，一旦项目中的工作与本职工作产生冲突，他们就会本能地倾向于本职工作。

因此，组织要形成若干个专职的敏捷战队，就必须拥有长期合作的一群能力交叉的人，他们可以合力完成数字化产品开发中的绝大部分工作。在一个项目结束后，团队不会解散，而会直接投入到下一个项目中。只有经过长期的磨合建设起来的敏捷团队，才能让敏捷开发方法发挥真正的作用，也才能够真正发挥数字化企业组织的作用。

（三）建立统一流程

对于许多传统企业来说，数字化转型的第一步，也是非常重要的一步，就是在整个企业中形成统一的流程。大型企业通常部门壁垒严重，每个部门都有自己的业务流程。在这种情况下，这些大型企业形成对客户或产品的共同理解是非常困难的；没有共同的理解，过程优化甚至数字化转型都是不可能有效的。因此，流程的统一是数字化转型中非常重要的环节。

首先，应当从全局出发构建流程。一个组织的流程之所以混乱，往往是因为梳理流程仅仅从部门和职能的角度出发，而忽略了组织是一个整体。我们必须明白，流程存在的根本目的是让组织各个"器官"有效地协调起来，而不仅仅局限在告诉员工该怎么去做工作。

其次，流程需要端到端的思考和构建。所谓"端到端"，就是从客户需求端出发，到满足客户需求端去，两端均连接了市场。这是组织梳理流程的关键原则，因为满足市场需求才是组织生存的前提，组织的流程也必须从这个角度进行构建。从这个角度出发和思考，会发现组织的现存流程中隐藏着很多不合理的地方，应加以修正和完善。

再次，流程需要精益和敏捷。因此，在流程设计之时，组织就必须采用精益和敏捷的思想，减少不必要的环节，提升组织应对市场响应的速度。

最后，流程需要持续优化。流程如果停留在文件中，那么即便它被制定出来，也很难持续发挥作用。流程必须实现在信息系统中，并且需要持续优化，时刻响应业务和市场的变化。有生命力的流程不可能一成不变，流程需要组织投入大量的精力来关注它。

（四）建设组织文化

组织文化虽然无影无形，但对组织的影响却非常大。组织文化的缺陷很有可能成为阻碍数字化转型的最大障碍，这也是前面所述的各类管理思想和实践能否成功推行的基础。很多时候，组织变革遭遇失败，就是组织文化的问题。而且，当前述的各种管理思想和实践在组织内成功推行之后，它们也需要融入组织的文化中，在组织中变成自然而然的事情。

首先，尊重失败与鼓励创新。对待失败的态度决定了组织创新的速度，一个不允许失败的组织大谈创新是可笑的。组织应该尊重失败，鼓励大家从失败中吸取经验和教训，并支持他们开展新的创新。

其次，开放包容，广开言路。组织愿意去分享经验、技术和能力，并以此来巩固与合作伙伴的合作，或者吸引新的合作伙伴加入，以构建良好的生态圈；鼓励协作，尤其是跨部门、跨职能的协作；鼓励员工表达自己的想法、意见与不满，并积极采纳合理的建议和想法。

最后，以客户为中心，用数据说话。不论是否直接接触客户，组织内的所有人都应该以客户为中心，以提升客户体验为己任。同时，组织要让所有人都习惯于使用数据，用数据发现问题、支持自己的观点和想法，形成"用数据说话"的氛围。

第四章　数字经济治理

数字经济自有其运转之道。《"十四五"数字经济发展规划》是数字经济领域的国家级全面发展规划，明确了中国数字经济发展的基本原则、发展目标，在优化数字基础设施、激活数据要素、推进产业数字化转型、推动数字产业化、提升数字化公共服务、完善数字经济治理体系、强化数字经济安全、加强数字经济国际合作等方面提出了具体的发展思路。本章主要介绍了数字经济治理的内容，从数字经济治理的核心问题、数字经济平台治理、数字经济协同治理三个方面展开叙述。

第一节　数字经济治理的核心问题

一、消费者保护

随着数字技术快速向更广泛的经济活动领域延伸，数字经济的范围不断扩大，在线消费人数和消费金额快速上升，线上消费品和线上服务的类别也在迅速增加。消费者在享受数字经济带来便捷的同时也面临许多新的风险。

风险和挑战首先来自网络环境，如计算机病毒、黑客攻击和网络诈骗等，只要使用计算机和互联网，即使不购物也可能遇到这些问题。针对计算机和互联网环境带来的风险，1986年美国国会颁布《计算机欺诈和滥用法案》，该法案禁止任何人在未经所有者同意的情况下访问计算机或计算机网络。这部早期的法律将黑客、网络盗窃和破坏私人机密信息定为犯罪行为，并对使用计算机盗窃财产的行为进行了惩罚规定。为应对日益复杂的网络犯罪，美国国会对该法案进行了多次修改。修正后的法律规定，威胁破坏他人的计算机设备、窃取电脑数据、公开传播窃取的数据以及拒绝修复犯罪者对他人计算机造成的损害（如勒索软件）等行为，也将被视为犯罪行为。随着 2000 年以后电子邮件的流行，导致未经请求或欺诈性的电子邮件风险显著上升。2003 年，美国国会颁布了《2003 年控制非自愿色情和推销侵扰法》，这是一部关于反垃圾邮件的法律。为了维护网络安全，2017 年中国颁布实施了《中华人民共和国网络安全法》。

在线消费需要消费者更深入地参与线上互动，以及提供更丰富的个人信息和金融信息，这会加剧消费者在交易、支付、个人隐私等方面面临的风险。很多新出现的风险是传统消费者保护规则里未能覆盖的方面。各国除了将消费者保护立法延伸到线上，还需要加强与在线消费者保护相关的其他立法领域，如电子交易、数据隐私保护、网络犯罪等。例如，美国 2006 年的《反垃圾邮件、间谍软件和欺诈执法与执法机构超越国界法案》（也被称为《安全网络法》）将美国消费者的保护范围扩大到全球。2010 年通过的《恢复网上购物者信心法案》将美国在线消费者的保护范围进一步扩大。一方面，禁止交易之后的数据传递，卖方必须直接获得向消费者收费的账户信息；另一方面，限制商家通过"消极选项"收费，要求在产生任何费用之前，必须事先获得明确的知情同意，并提供简单的机制用以停止重复收费。为了规范电子商务平台经营活动，中国在 2018 年通过了《中华人民共和国电子商务法》；为了进一步加强在线个人信息保护，中国在 2021 年颁布了《中华人民共和国个人信息保护法》。

为了更好地保护在线消费者的各项权益，规范网络交易活动，营造公平竞争的网络消费和经营环境，一些国家和地区也出台了针对在各类线上交易中利益相关者的法律规定，涉及网络交易经营者、网络服务提供者等。欧盟在 2020 年年底公布了《数字服务法案》和《数字市场法案》草案，分别以网络业务和市场竞争为目标。《数字市场法案》草案的关键词是"守门人"（Gatekeeper），目标是解决不公正的商业行为。这两部法规的颁布标志着一种新的监管趋势，即从"事后"反垄断诉讼转向"事前"规则，以确保大公司在行为上遵守公平竞争原则。通过强化处罚措施，这些法规迫使大公司提前采取预防性措施，避免违反反垄断规定。这种转变的目的在于防止大公司利用旧的"事后"诉讼方法来长期维护其利益，从而增强市场的公平性和竞争性。根据这两部法规，对于违反《数字服务法案》和《数字市场法案》的大公司，最高罚款可达其全球年度营业额的 6%～10% 甚至上百亿欧元。这样的制裁力度不仅能够有效震慑大公司，也能够对中小企业起到警示作用，迫使它们在市场行为中更加谨慎，遵守规则。此外，如果一家公司同时违反这两项法规，则其面临的罚款甚至可以达到惊人的数额，这将对大公司的经济利益产生了巨大的冲击，从而进一步强化了法规的威慑力。

随着线上商品和服务交易的普及，为营造良性发展的网络市场经营和竞争环境，保障在线消费者权益，中国在数字经济领域的立法不断加速。2018年通过的《中华人民共和国电子商务法》规范了电子商务经营者的准入条件，及其在线上经营过程中的义务和责任。2021年2月，国家市场监督管理总局在原有法律基础上印发了《平台经济领域的反垄断指南》，对平台经济的合法合规经营作出了明确指引。

《网络交易监督管理办法》于2021年3月15日由中国国家市场监督管理总局发布。作为《中华人民共和国电子商务法》的配套规章，《网络交易监督管理办法》明确网络交易经营活动中核心主体的义务，细化了交易活动主体的类别，并规定了网络交易经营活动中平台经营者的最核心的11项义务，以保障消费者权益。

这11项义务包括：登记核验商户身份并动态监测网络交易数据、按要求定期报送、不得干涉商家自主经营、用户信息安全保障、网络交易经营者身份信息公示及变更公示、不得删除评价等不正当竞争、消费者保护（产品续费、格式条款等领域）、交易信息保存、违法信息报告、禁止销售违禁品、执法配合义务。

此外，对于网络交易中涉及个人信息隐私保护和数据安全等问题，2019年起，我国陆续出台了《中华人民共和国密码法》《中华人民共和国数据安全法》《中华人民共和国个人信息保护法》。这些立法旨在保障网络与信息安全，维护国家安全和社会公共利益，保护公民、法人和其他组织的合法权益，规范数据处理活动，保障数据安全，保护个人、组织的合法权益，这些法规还共同奠定了我国网络社会和数字经济的法律之基。

从线上消费者保护的角度看，以上针对网络市场的规则，结合原有针对线下市场但可将规定扩展到线上的法律，目前中国的相关法规已经涵盖OECD（经济合作与发展组织）提出的消费者保护原则。

二、网络安全

信息网络是数字经济的重要基础设施，随着线上活动的迅速增加，网络安全问题越来越受到大众的关注。网络安全风险主要是指基于恶意或犯罪目的，利用网络安全漏洞对政府、团体和个人网络安全产生威胁的事件。攻击者的动机各不相同，包括政府的地缘政治目标、犯罪者的勒索企图、黑客主义者的意识形态、寻求刺激的个人目的等。

网络安全事件会对政府、企业与个人的数据、信息系统与网络的可用性、完整性与机密性造成危害，这种危害不仅会产生有形的损害，也会造成无形的损害，包括金钱损失、竞争力降低、名誉受损、运营中断和隐私侵犯等。

近年来，网络安全风险事件层出不穷，OECD 将主要的网络安全事件分为以下三类：

第一，分布式拒绝服务（Distributed Denial of Service，DDoS）。DDoS 攻击是一种常见的攻击事件，攻击者利用僵尸网络（由非真人使用的机器或僵尸设备组成的大型网络）向在线服务发送大量非法请求，以此来中断正常服务的运行，通常是为了向受害者勒索钱财。2016 年，Mirai 僵尸网络利用聚合了超过每秒 1.2Tbps（Terabits Per Second，兆比特每秒）的超过 10 万个端点的带宽，在几个小时内摧毁了数十家北美最大的网站。

第二，网络钓鱼（Phishing）和域名欺诈（Pharming）。二者的主要目的都是获取用户敏感信息，攻击者在线上通信中伪装成可信任的实体，从而获取用户的敏感信息或传播恶意软件。网络钓鱼通常使用的钓鱼邮件包含指向恶意网站的链接，未受到保护的终端用户难以检测出这些恶意链接。钓鱼邮件一般有两种，一种是广泛的无针对性的钓鱼邮件，旨在引导用户到虚假的电子商务或金融网站上，从而骗取他们的信息；另一种是更复杂的电子邮件，针对特定个人，在其组织的信息系统中植入恶意软件，这种攻击被称为"鱼叉式网络钓鱼"（Spear Phishing）。域名欺诈（Pharming）则是使用相似的域名冒充官方网站，从而获取用户信息。

第三，勒索软件攻击。勒索软件是一种恶意软件，使用加密技术来限制或禁止个人或组织的数据访问，并以此向受害者勒索赎金以恢复访问权限。这些恶意软件也影响了国家公共部门组织，如英国国家卫生局和俄罗斯内务部。

随着加密货币日益受到人们的关注，加密货币的网络安全事件也频频发生。攻击者采取了不同的方式，最常见的是攻击交易所盗取加密货币，还有一些选择攻击官方钱包窃取用户资金，甚至直接攻击区块链。攻击者还开发了新型的技术，称为"加密挖矿"（Crypto Mining）和"加密劫持"（Cryptojacking）。在加密挖矿中，犯罪分子安装恶意软件篡夺用户的处理能力，进行挖矿。加密劫持则是指在用户浏览器的网页内容中插入脚本进行加密挖矿。

此外，人工智能的发展也可能给维护网络安全带来新挑战。一方面，人工智能系统可能会遭到具有特殊性的新型技术攻击。例如，因为机器学习依赖于进行训练的数据，所以数据中毒会严重损害人工智能系统。另一方面，人工智能技术也会遭到不法分子的滥用，其中最引人注目的是深度伪造（Deepfake）技术，深度伪造是指通过人工智能换脸、语音模拟、视频生成等方式，对既有图像、声音、视频进行篡改、伪造，自动生成音频和视频产品。随着人工智能技术不断迭代，深度伪造可以合成以假乱真的音频和视频，甚至被认为是"最危险的人工智能技术"之一。

三、数据治理

数字经济蓬勃兴起，数据将成为数字经济的战略资源和生产投入或要素，而数字治理则是数字经济持续发展的重要保障。同时，在数字经济的背景下，大规模的数据采集和（跨境）流动已然成为常态，并因其潜在的利益冲突和风险隐患正日益成为各国政府在经济社会治理领域的关注焦点。

世界银行《2021年世界发展报告背景论文：绘制全球数据治理法律框架》提出一个"信任"框架，从"保障措施"和"支持手段"两方面分析八十个国家相关法律法规和行政措施，并评估各国数据治理和监管情况。其中，保障措施是指避免或限制因滥用数据而造成的损害来促进对数据交易的信任，包括个人数据保障、非个人数据保护措施、网络安全与网络犯罪、跨境数据传输四个维度。支持手段是指为数据经济发展提供良好的支持，包括电子商务、公共意图数据支持手段、专用数据使用许可三个维度。

毫无疑问，数据治理是数字经济治理的关键组成部分。在对数据资源进行开发利用的同时，如何保护国家数据资源安全，保护政府、企业以及个人数据免遭不当采集、窃取和滥用成为治理难题；此外，数据的基本特性决定了数据只有流动起来才能最大化地释放数据价值，由此带来数据确权、非隐私数据的合理有效的（境内和跨境）流动，以及数据开放共享制度等问题同样亟待解决。

（一）个人数据治理

个人数据越来越多地在收集时以未预料到的方式被使用，包括敏感信息曝光或将所谓的匿名数据连接到特定个人等行为。侵犯隐私风险不仅涉及相关个体，还涉及价值原则，特别是其对整体社会信任产生了广泛的影响。因此，数字经济时代需要更好地管理隐私和个人数据，构建社会信任。隐私保护不仅是值得保护的基本价值，而且是个人数据跨组织和边界自由流动的条件。

一种隐私保护措施的思路是赋予个人权利，并赋予个人对其数据处理方式的更多保证和控制。提高个人数据收集的目的和使用的透明度，以及加强用户对其数据的访问和控制，这些措施与数字经济时代的信任密切相关。技术进步可以通过"设计隐私"流程增加信任，即在产品或服务的初始设计阶段，而不是事后考虑隐私影响。将使隐私保护方法嵌入或编码到技术中，有助于最大限度地减少个人数据被非法收集。

从各国实践看，欧盟以自上而下的立法推动了统一监管。《一般数据保护条例》（GDPR）是欧盟个人信息保护的核心法律。GDPR为欧盟成员国以及与欧盟有数据交流的国家建立了一套完善的个人信息保护体系。在保护的范围上，根据该法规，个人信息不仅包括常见的姓名、地址、联系方式等，还包括了医疗健康信息、生物标识等敏感信息；在个人权利上，以进一步加强个人对其个人信息的控制，包括被遗忘权，即个人有权要求数据控制者删除其个人信息。可携带权，即个人有权要求将其个人信息转移至其他数据控制者。删除权，即个人有权要求数据控制者在一定条件下删除其个人信息。在隐私策略上，要求企业确保隐私设计贯穿其数据处理的整个流程，并在其业务各个周期都做到个人信息保护；在监管体系上，设立欧盟数据保护委员会来确保GDPR执法过程的统一和连续；在治理架构上，要求各机构设立数据保护官来监管企业内部有关个人数据的处理是否合规。

在美国，个人数据治理是行业驱动和政府监管的多方博弈。美国政府支持市场自发调节，支持行业组织开展相关管理，发挥行业自律的作用。其主要特点包括：基于总体原则下的分散法律架构。美国并没有特定统一的个人信息保护法，仅在某些重点领域制定相应的法规，如《电子通信隐私法》《儿童网上隐私保护法》，以及《加州消费者隐私保护法案》等地方性法规。行业自律扮演着更加积极的角色。通过"TRUSTe"（美国加利福尼亚州旧金山的一家公司，其在线隐私封条闻名于世）等行业认证的方式，发挥行业自律作用，提升行业对用户个人信息的保护水平。美国联邦通讯委员会对电信使用者的个人资料负有责任，美国联邦贸易委员会则对因特网使用者的个人资料负有责任，尽管两者在监管机制和监管手段上存在较多的相似点，但在某些环节上仍存在一定差异，还是需要根据不同情况分别应对。

在中国，近年来，全国人大及其常委会、网信办、工信部、公安部、工商局、银保监会、商务部、市场监管总局、最高法院、最高人民检察院等部门已经先后发布了一系列与个人信息和数据保护相关的法律法规。

2021年8月20日，《中华人民共和国个人信息保护法》正式通过。该法补充了我国国内个人数据隐私保护独立立法的短板，完善了数据保护法律体系，提高了国内个人数据保护水平，也增强了与其他国家和地区在数据保护制度上的操作性。

为配合《中华人民共和国个人信息保护法》《中华人民共和国数据安全法》的实施，相关机构制定了数据分级分类、重要数据识别等一系列相关法规条例。网信办发布《网络数据安全管理条例（征求意见稿）》，工信部发布《工业和信息化领域数据安全管理办法（试行）（征求意见稿）》《关于加强车联网网络安全和数据安全工作的通知》等文件，全国信息安全标准化技术委员会发布《汽车采集数据处理安全指南》《信息安全技术汽车采集数据的安全要求（征求意见稿）》《网络安全标准实践指南——网络数据分类分级指引》等文件，各部门都从各自管理领域推动数据治理工作。

（二）跨境数据治理

从跨境角度看，各国对数据治理的主张存在较大差异。

美国是以巩固和维护产业竞争优势为策略目标，主张个人数据跨境自由流动，其具体主张有以下几点：

第一，主张个人数据跨境自由流动，并利用自身数字产业优势引导全球跨境数据流动的政策走向。美国作为全球信息通信产业和数字经济的领先者，意识到个人信息的跨境数据流动对于推动互联网和数字经济的发展至关重要。为此，美国在制定《跨太平洋伙伴关系协定》（TPP）时，明确了保障全球信息和数据自由流动的政策目标。这意味着在合法公共政策目标得到保障的前提下，美国将不设立数据中心作为允许 TPP 缔约方企业进入市场的前提条件，也不要求转让或获取软件源代码。

第二，确保美国在科技领域的全球领导地位，限制重要技术数据的出口和特定数据领域的外国投资是十分重要的。美国的《出口管理条例》明确规定，出口管制不仅包括硬件出口，还涵盖了技术数据传输到位于美国境外的服务器上进行保存或处理的功能。这意味着在这些领域，外国企业需要获得商务部产业与安全局（BIS）的出口许可。通过这种方式，美国可以遏制战略竞争对手的发展，确保自身在科技领域的全球领先地位。

在外国投资审查方面，美国外资投资委员会（CFIUS）有权在必要时审查和限制广泛的投资交易和出口交易，建立多种机制来识别和保护关键的新兴技术，以保障美国的安全。为了保护国家的关键技术和基础设施，以及敏感个人数据的安全，美国通过《外国投资风险审查现代化法案》对投资审查范围进行了扩大。该法案将涉及关键技术和关键基础设施的公司，以及处理敏感个人数据的公司的非控制性、非被动性投资纳入审查范围。

第三，确保敏感信息的安全和保密性，制定受控非秘信息（CUI）清单，明确了"重要数据"的范围和相应的管理措施。该清单包含了关键基础设施、国防、金融、情报、国际协议、移民、执法、法律、自然和文化资源、隐私、出口管制、采购和收购、专有商业信息、临时信息、统计、税收和交通等门类。这些被认定为"重要数据"的信息将受到严格的管控。同时，CUI 的传播范围根据不同情况分为禁止向外国传播、仅限联邦雇员使用、联邦雇员和承包商专用、不向承包商开放、受管制的开放列表、只允许开放给特定国家的人员，以及仅显示等类别。

第四，为了满足跨境数据调取的执法需求，美国通过了 2018 年的《澄清境外数据的合法使用法案》（CLOUD 法案），通过"长臂管辖"扩大了国内法域外适用的范围。该法案赋予了美国执法机关在海外调取数据的权力，并为与其他国家签订双边条约设定了具体路径。这样的措施限制了外国政府调取存储在美国的数据的权限。

欧盟一直以来致力于推动数字化单一市场战略，旨在消除欧盟内部成员国之间的数据流动障碍，并促进数字经济的发展。

第一，为了实现这一目标，欧盟于 2015 年 6 月提出了《数字化单一市场战略》，旨在将 28 个成员国的市场统一成一个单一化的市场，为欧盟的数字经济发展创造良好的环境。

第二，为了规范统一后的欧盟数字经济市场，欧盟采取了一系列措施。其中最重要的是《欧洲通用数据保护条例》（GDPR），该条例于 2018 年 5 月 25 日正式生效。GDPR 旨在保护个人数据的隐私和安全，并规范个人数据的处理和传输。它对欧盟内的所有组织和企业都适用，不论其所在国家是欧盟成员国还是非成员国。GDPR 的实施消除了成员国之间数据保护规则的差异性，使得个人数据在欧盟范围内可以自由流动，为数字经济的发展提供了便利。此外，欧盟还通过了《非个人数据在欧盟境内自由流动框架条例》，旨在消除各成员国的数据本地化要求，确保成员国有权机关能够及时获取数据，并促进专业用户能够自由迁移数据。该条例为欧盟内的非个人数据流动提供了法律保障，为数字经济的发展提供了更大的可能性。

第三，充分性认定是欧盟推动数字化单一市场战略中一个重要的措施。该认定机制旨在确定数据跨境自由流动白名单国家，这些国家不受欧盟个人数据跨境流动的限制。通过这一认定，欧盟希望推广其数据保护立法的全球影响力，为列于白名单中的国家提供便利条件，促进数字经济发展和数据流动。

第四，欧盟还提供了多样化的个人数据跨境流动方式，以满足不同企业的需求。在缺乏充分性认定的情况下，企业可以遵守适当的保障措施条件下进行数据转移。这些保障措施包括具有法律约束力和执行力的文件、约束性公司规则（BCRs）、标准数据保护条款（欧盟委员会批准／成员国监管机构批准、欧盟委员会承认）、批准的行为准则和认证机制等。

这些措施为在欧盟收集和处理个人数据的企业提供了多种选择的数据跨境流动机制，既保护了个人数据的隐私和安全，又促进了数字经济的发展。

第五，推进犯罪数据的境外调取是欧盟为解决在跨境犯罪调查中遇到的数据流动障碍而提出的。欧盟委员会提出了《电子证据跨境调取提案》，通过该提案，欧盟成员国的执法或司法当局在满足一定条件的情况下，可以直接要求在欧盟境内的服务提供商提交电子证据，而不以数据存储位置为决定管辖权的唯一因素，简化和加快跨境调取电子证据的过程。

印度通过实施本地化政策，致力于促进本国数字经济的发展。

第一，印度推行数据本地化政策，计划建立数据中心，以确保数据在国内存储。然而，印度并不完全主张严格的"数据保护主义"，而是允许一定程度的数据流动。这种政策旨在确保数据的安全和隐私，同时促进数据的利用和流通，以推动数字经济的发展。

第二，印度对个人数据实施分级分类，并制定了不同的数据本地化要求。根据《个人数据保护法草案2018》，个人数据被分为一般个人数据、敏感个人数据和关键个人数据三种类型。针对不同类型的个人数据，印度制定了不同的数据本地化和跨境流动限制。一般个人数据和敏感个人数据可以在印度境内存储副本，并允许跨境流动，但印度政府可以对一般个人数据进行清单化的豁免限制。而关键个人数据则必须存储在印度境内的服务器或数据中心，绝对禁止离境。

第三，印度要求支付数据强制本地化存储，以推动印度银行和金融业的发展。印度中央银行要求所有在印度运营的支付企业将数据强制性存储在印度本地，并通过对这些数据的控制，促进印度银行和金融业的发展。这一举措旨在保障金融数据的安全和稳定，提升金融体系的效率和可靠性。

在中国，近年来，全国人大常委会、国务院、中国人民银行、网信办等机关陆续出台了一系列与数据跨境传输相关的法律法规。其中，与数据跨境传输直接相关的法规有两部，分别是《个人信息和重要数据出境安全评估办法》和《个人信息出境安全评估办法》。2021年10月，网信办发布《数据出境安全评估办法（征求意见稿）》，明确规定了需要申报数据出境安全评估的情形，特别是涉及重要数据和达到一定规模的个人信息，并规定了数据出境自评估和网信办评估的内容。

第一，根据《中华人民共和国网络安全法》，"个人信息"与"重要数据"是我国境外"数据"管理的主要类型。

关于个人信息的定义，欧盟、日本等国都是以"可识别性"与"关联性"作为判断个人信息的依据。目前，我国结合上述国际主流判定标准，已在《个人信息安全规范》等国家标准中明确提出"个人信息"的范围及定义。

在重要数据界定方面，各国尚未明确统一出境"重要数据"的概念范畴和分类列表。我国相关政府部门参考美国受控非密信息（CUI），研究并提出了涵盖通信、金融、医疗卫生等重要行业和重要领域的数据外延范围。在此基础上，以保护国家安全和公共利益为基本原则，综合判定重要数据类型。

第二，在适用范围上，国内外法规均强调属地管辖和域外适用。

在数据出境属地管理方面，《中华人民共和国网络安全法》和《个人信息和重要数据出境安全评估办法》都提到安全评估针对的是"境内运营中收集和产生的个人信息和重要数据"。在域外效力方面，《中华人民共和国个人信息保护法》突破了过去法律法规的效力范围，首次将我国的行政执法权推广到境外主体在境外的特定行为。

第三，对出境的判定。随着数字化时代的发展，对于数据出境的定义逐渐扩大。首先，一些国家如新加坡、日本等将地理国境作为判断标准，将数据转移到本国以外的地方定义为数据出境。这意味着数据在跨越国界时需要符合相应的法规和规定。其次，另一种扩大的定义是以数据接收主体的国籍为标准。例如，美国在关键敏感技术出口管理的法案中明确规定，即使数据位于美国境内，但如果由外国主体所控制，也将被视为数据出口。这样的定义将数据的控制权和国籍联系起来，以确保数据的安全和保护。目前，我国以国家地域为主要认定准则。

第二节　数字经济平台治理

随着数字经济的蓬勃发展，互联网平台已经成为异军突起的社会现象、经济现象和组织现象，其中，网络交易平台成为推动经济社会转型最为活跃的载体。数字经济平台的发展带来了新业态、新产业、新模式，给传统的市场监管、法律法规、产业规制、社会政策等带来了前所未有的挑战，创新平台治理成为促进数字经济发展的重要保障。

一、数字经济平台治理的理论基础

（一）基本内涵

数字经济平台是基于互联网的新型信息服务中介，为交易双方或多方在线上或线下的商品与服务交易活动提供网页空间、虚拟经营场所、交易规则、信息发布等第三方信息服务，并为交易双方或多方达成交易提供电子支付、物流配送等辅助服务的网络平台。数字经济平台治理是政府部门、平台企业、第三方组织及参与平台活动的各类用户之间在平台运行中相互博弈、协商形成的一致认可的权利责任与规范规则。这种治理模式跨越了科层治理，通过多方共同参与和协商，形成了具有广泛认可度的治理机制，以保障数字经济平台的稳定运行和交易双方的权益保护。

（二）治理主体

根据利益相关关系，数字经济平台的治理主体包括政府部门、平台企业、平台用户、第三方组织等。

1. 政府部门

政府部门主要包括各级网信部门及与数字经济平台经营活动相关的行业主管部门，为平台治理提供外部规制与公共服务。具体来看，政府部门的治理定位是制定法律法规，依法打击数字经济的违法犯罪行为，规范数字经济平台各类参与主体的行为，提供公共竞争环境；通过行政命令、指示、规定等行政手段对数字经济予以直接干预引领，强化对数字经济的事前准入监管、事中跟踪督导、事后评估调整；保护消费者权益，平衡各类平台利益相关者的关系；制定财政、税收、货币、价格等政策推动数字经济发展。

2. 平台企业

平台企业是从事数字经济平台运营和为网络交易双方提供交易服务或信息服务的法人，其并不一定参与商品与服务的实际交易。平台企业是平台治理最直接的执行者。具体来看，平台企业的角色定位是制定平台治理的网规体系，营造良好的平台商业环境，维护平台生态的健康发展，协调平台不同利益主体的行为；作为准公共设施，为参与平台的中小微企业与消费者群体赋权赋能，履行企业社会责任，提供准公共服务；保障网络安全，保护平台用户的隐私信息。

3. 平台用户

平台用户主要是网络交易或信息服务的供给方与需求方，其中，供给方是在平台注册，从事相关商品或服务经营行为的单位或个人；需求方是在平台注册，通过平台浏览商品信息，并出价购买使用商品或接受服务的单位或个人。平台用户的角色定位是监督平台企业提供有效的中介服务，监督平台的合作服务商提供服务，维护参与平台活动的权益；强化用户自律，避免各类失信行为。

4. 第三方组织

第三方组织包括各类行业组织、征信机构、科研单位等。第三方组织的角色定位是制定行业自律规定，维护数字经济发展的健康环境；推动行业交流协作，挖掘数字经济发展的主要经验与成功模式，探索行业协同创新路径；发挥政企交流桥梁作用，推动数字经济平台与政府部门的政策交流与响应反馈；为数字经济行业提供信用评估、咨询服务等。

（三）治理内容

受平台的交易或服务内容、形式、主体、性质等影响，不同数字经济平台面临的治理问题千差万别。总体而言，线上假货、专利侵权、网络传销、广告欺诈、信息安全等是平台需要治理的重点内容。

由于平台越来越往综合化的方向发展，同一平台在承担不同功能时面临的治理问题也差异较大，相应地，平台需要履行的治理责任不尽相同。因此，当判断一个网络交易平台需要治理哪些问题时，需要区别对待平台承担的不同功能、开展的不同业务，功能与业务不同，相应的治理内容不同。

（四）治理手段

根据不同的数字经济平台治理主体，治理手段分为以下几种：

1. 政府部门参与协同共治

第一，法律手段。针对数字经济出现的新形势予以立法、修法、释法，对数字经济平台活动中违反法律的，依法严厉打击和制止。

第二，行政手段。为规范引导数字经济发展，适时采取高效的行政命令、指示、规定等措施，完善数字经济的事前、事中、事后监管。

第三，经济手段。采取财政、税收、货币、价格等经济杠杆，引导数字经济的协调高效发展，引导数字经济平台相关利益主体的行为决策。

第四，引导手段。通过部门约谈恳谈、政企合作交流或发布行业指引性报告等，引导数字经济健康发展。

2.平台企业参与协同共治

第一，电子合同，平台企业通过与平台上的巨量供方用户、需方用户签订电子合同规范彼此的权利义务。第二，平台网规，平台企业通过制定各类网规来规范平台参与者的行为，明确平台参与者在各类具体交易环节的责任。第三，特殊约定，主要针对电子合同、平台网规没有覆盖的领域，如与平台合作的专业服务商的约定。

3.平台用户参与协同共治

第一，道德自律，引导平台的自然人个体加强自我约束，减少机会主义行为。第二，商业自律，引导平台的法人参与者遵守商业规范，避免商业欺诈行为。第三，监管志愿者，如作为电商平台的大众评审员参与交易纠纷，作为直接交易对象对平台服务予以信用点评。

4.第三方组织参与协同共治

第一，建立行业标准规范，明确行业发展的底线与共识，规范数字经济平台相关利益主体在不同交易环节的行为要求，引导行业健康发展。第二，建立第三方评价体系，对数字经济领域的不同平台发展成效予以评价，为平台参与者维护自身合法利益提供表达渠道，通过评价促规范、促发展。第三，建立第三方协商机制，搭建政产学研等多主体参与的协商平台，疏导发展中遇到的矛盾。

5.政府部门、平台用户、第三方组织与平台协同共治

数字经济平台的治理不是"一个人的战斗"，也一定不是单向的、单一的治理模式，而是政府部门、平台企业、平台用户、第三方组织等多主体协同共治的治理生态系统。

（1）政府部门与平台协同共治的手段

第一，分享经济平台在发展过程中形成的准入制度、交易规则、质量与安全保障、风险控制、信用评价机制等自律监管体系，可以作为政府监管的参考和重要补充。第二，平台企业发展过程中形成的大数据可以为政府加强事中、事后监管，提供重要依据。第三，政府重点监管平台企业，引导和监督企业制定合理的平台规则，加强监管平台与企业平台的对接。

（2）平台用户与平台协同共治的手段

第一，用户通过投诉、举报等方式倒逼网规的制定，利用与平台的互动参与网规的调整完善。第二，用户作为志愿者参与督促平台规则的执行，如为了处理

用户违规行为和用户纠纷，平台成立判定中心，并把纠纷判定的权力开放给大众评审员投票裁定。第三，用户在数字经济平台中形成的自律规范，可以作为网规、行业标准、行业发展共识的基础。

（3）第三方组织与平台协同共治的手段

第一，弥补法规政策的缺位，数字经济发展速度快、模式新、形态多，尤其是在行业发展初期无法及时出台法规政策的情形下，第三方组织制定的行业规范、发展共识，某种程度上能替代法规政策起到引导行业健康发展的作用。第二，弥补平台网规的不足，第三方组织站在中立公正的位置，从行业健康发展角度监督平台违法违规经营行为，协调平台利益相关者关系，尤其是需要维护消费者合法权益。

（五）治理技术

从数字经济平台治理的特殊性来看，巨量用户、海量数据、动态交互是大数据技术应用于平台治理的迫切需要。

阿里巴巴积极采用智能技术手段，开发出自成体系的打假模式。依靠智能识别、数据抓取与交叉分析、智能追踪、大数据建模等技术手段，使得阿里巴巴能够从十亿量级的在线商品中精准地捞取出假货。阿里巴巴以大数据为基础的假货主动防控模式，捞取主动防控所需信息，使得平台假货得到管控，消费者利益得到保障。目前，人工治理与机器治理逐渐协调，抽样调查技术与全样本的大数据技术逐渐互补，线下治理与线上治理逐渐融合，推动了治理更加精准。

二、完善数字经济平台治理的思路

在完善数字经济平台治理方面，需要确立四大目标：保持创新的活跃性，确保风险可控，建立有效的问责机制，实现公平有序。完善数字经济平台治理还需要坚持分类治理、分阶段治理、红线思维和数据意识四个原则。为了实现这些目标和原则，需要采取四点举措：建立分业务类别的治理模式，有针对性地管理；完善多主体协同的治理体系，加强政府、企业、社会等多方合作；提升政府的数字化监管能力，运用先进技术手段；增强政府驾驭经济复杂状况的能力，加强政策研究和应对能力。

（一）平台治理的四大目标

1. 创新活跃

平台治理需要协调创新与规范的关系，在坚守红线的基础上鼓励互联网的创新精神，鼓励不同参与者充分利用平台的赋能机遇，积极探索新业态、新模式；根据未来的经济社会发展趋势，制定有利于新业态、新模式发展的监管规则和治理模式。这些规则和模式应该能够切实提高人民生活质量，为经济发展注入新的动力。

2. 风险可控

平台治理需要协调安全与发展的关系，在鼓励发展的基础上保障平台运行稳定，增进信任，防范"道德风险""搭便车"等机会主义行为，建立健全完善的平台内部规范与外部规制，保证网络交易平台的有序运作。同时，在数字经济发展中保障公共利益不受侵害，能够促进不同参与主体的创新发展与利益分享，在数字经济发展中尊重差异、包容多样、考虑个别，保障新旧业态之间平衡稳定、新旧动能之间接续转换。

3. 有效问责

平台治理需要协调责任与权利的关系，在充分保障尊重不同主体权利的基础上，依法按能力大小、受益情况等准则明确不同治理主体的责任，有多少能力则承担多少责任，行使多大权力则承担多大责任，受益越多则承担责任越多。

4. 公平有序

平台治理需要协调公平与效率的关系，应坚持公平进入、公平竞争和公平监管的原则。这意味着需要破除限制新模式新业态发展的不合理约束和制度瓶颈，创造一个公平的发展环境；打破传统与新兴、线上与线下主体之间的界限，为各类主体提供公平的机会与条件；并且，也需要维护各类主体的合法权益，确保他们在数字经济中的参与和发展受到公正的保护；监督与防范平台的垄断行为，严禁以违法手段开展竞争，严厉打击扰乱正常的生产经营秩序的行为。

（二）平台治理的四个原则

1. 分类治理

数字经济平台在业务内容、组织形态、主体属性方面具有巨大的差异，需要树立分类治理的思维。一是分业务类型治理，对电商平台、社交平台、搜索平台、应用分发平台、信息存储和发布平台等分别立法立规，明确不同业务类型平台的治理责任与治理模式。二是分组织类型治理，对 B2B、B2C、C2C 等不同类型的平台分别界定参与者治理责任，明确不同组织类型的治理模式。三是分主体类型治理，明确政府部门、平台企业、平台用户和第三方组织的治理责任、治理手段与相互关系。

2. 分阶段治理

数字经济的发展正处于"现在进行时"，数字经济平台治理要特别强调协调短期与长期的关系，建立创新友好、动态调整的治理模式，对数字经济平台进行持续性、全过程的治理。对一些尚处于成长发育期、暂时看不准的数字经济业态，可以适当放松尺度，根据"事后"结果评估其发展成效，再采取适当的审慎监管；对于那些发展了一段时间、看得准、有发展前景的数字经济模式，要在"事中"通过对其经营活动进行"量身定制"式的监管，以促进规范发展。

3. 红线思维

新生的数字经济发展具有一定程度的不确定性甚至风险，需要构建审慎、包容、创新的监管机制，重点坚持红线思维，根据红线确定平台治理的边界，明确负面行为清单，保证监管不缺位、不越位。平台与社会之间的关系红线包括国家安全和社会稳定。这意味着平台在运营过程中必须遵守国家安全法律法规，不得从事危害国家安全的活动，并且要积极维护社会的稳定与和谐；平台生态内的关系红线是保障用户权益。平台应该确保用户的个人信息安全，并提供公平、透明的服务，保护用户的合法权益，防止滥用用户数据和侵犯用户隐私；平台生态之间的关系红线是维护公平竞争秩序。平台应该遵守反垄断法律法规，不得滥用市场优势地位，限制竞争或扼杀竞争对手。公平竞争是推动创新和经济发展的基础，平台应该积极维护公平竞争的环境。

红线思维要求平台治理在创新与经济、社会稳定之间找到平衡。平台需要设定硬性边界，制定明确的规则和标准，以控制无序发展和减少创新对社会的负面影响。这种平衡考虑了经济发展的需求，同时也维护了社会的稳定和公共利益。

4. 数据思维

与传统交易平台相比，数字经济平台拥有巨量分散的用户群体，已有的人工治理模式已经难以为继，必须充分发挥平台的大数据优势，充分利用云计算、物联网、人工智能等技术，创新平台治理手段；充分运用大数据等信息技术手段，创新统计调查方法，推动部门统计信息共享，多渠道收集相关数据并建立数据库，加强在线与远程电子数据证据采集、固定和分析工作，完善数据治理模式。

（三）平台治理四个举措

1. 建立分业务类别的治理模式

探索建立一种分类管理机制，以更好地管理不同行业领域的分享经济。这种机制应该明确行业分享经济的属性，包括平台企业、资源提供者和消费者的权利、责任及义务。政府应通过科学界定追责标准和履责范围，建立起一套完整的监管体系，以确保行业的健康发展和公平竞争。同时，政府也需要根据不同行业的特点采取差异化的监管和治理方法。

对电子商务平台、分享经济平台等一般性的交易平台，其治理以"踩油门"为主。建立适应行业特征的监管机制是至关重要的。特别是对于那些处于发展初期的行业，应该采取包容的心态和宽松的监管方式，鼓励行业的创新和发展，激发创新活力。一旦行业基本成熟，也需要及时进行规范，制定相应的法规和标准，以确保行业的健康发展和公平竞争。

对于社交平台、信息发布平台等一般性的传播类平台，其治理以引导方向为主。要加强对平台的信息内容监管，严厉打击网络谣言及不利于国家安全、社会稳定的信息内容，营造风清气正的网络空间。要加快新媒体建设，及时传播中国故事、中国模式、中国网事。

对于医疗器械、新型诊疗技术、网贷、食品药品电商等涉及生命财产重大利益的领域，以及涉及信息安全、数据主权等国家安全的重大敏感领域，其治理以踩刹车为主。要采取一事一议、特事特办的方式，要早管严管，对可能危及人民生命财产与国家安全的活动，要及早发现、露头就打、一票否决。

2. 完善多主体协同的治理体系

（1）健全多主体协同的治理机制

一是探索建立分级管理机制，即政府管平台、平台管用户，政府可对平台和服务资质进行定期审查，制定科学合理的问责机制，督促平台内部不断完善运营服务机制。二是以多元合作治理替代多头管理，推动政府与平台企业、第三方组织之间的联动合作，避免行政处罚和强制手段过度运用。三是以协同治理代替分段监管，数字经济平台涉及的交易环节多，应探索建立大部制的数字经济监管体系。

（2）更好地发挥平台企业的治理作用

对平台企业的权力、责任和利益进行明确界定，并对其责任的认定和责任边界进行规定，同时完善平台企业的准入制度、交易规则、质量和安全保障、风险控制以及信用评估机制。平台企业严格落实网络主体资格审查，保护消费者合法权益，积极协助政府监督执法和权利人维权。

（3）完善第三方组织参与治理的机制

为了推动数字经济的健康发展，适时成立数字经济各领域行业协会至关重要。这些行业协会将发挥重要作用，包括以下几个方面：一是规范企业经营行为，行业协会将制定行业规范和标准，明确企业在数字经济领域的经营准则。这将有助于防止不正当竞争、规避风险，促进企业间的公平竞争和健康发展。二是加强行业自律，行业协会将促进行业内部的自律机制建设，鼓励企业遵守行业规范和道德准则。通过自律，行业将更好地维护行业声誉，提高整体服务质量和用户满意度。三是建立争议处理和反馈机制，行业协会将设立争议处理机制，帮助解决平台企业与用户、企业间的纠纷和争议。同时，行业协会还将建立反馈机制，收集用户和企业的意见和建议，及时调整和改进行业规范和服务质量。四是完善社会监督，行业协会将与社会各界建立紧密联系，接受社会监督，及时回应公众批评。通过透明度和公开性，行业协会将提高数字经济行业的信任度和可持续发展能力。五是协调平台企业和政府关系，行业协会将作为平台企业与政府之间的桥梁和纽带，促进双方的沟通和合作。通过协调和协商，行业协会将推动政策制定和执行的顺利进行，实现数字经济与政府政策的良性互动。

3. 提升政府的数字化监管能力

为了提升平台治理能力，政府部门需要采取两手抓的策略。首先，丰富监管工具和手段，构建问题找得到、责任厘得清、影响控得住的监管能力。具体来说，政府采取制定和完善监管法规和政策、加强监管技术手段等措施。其次，政府还需要提升监管队伍的数字化能力，借助智库、高校、科研院所和行业组织的数字化人才优势，建立全流程专业能力体系。具体做法包括：培养数字化监管人才、建立专业智库和研究机构、加强行业组织的作用。

推动政府部门提升以网管网的能力。充分运用大数据等信息技术推动监管创新，变实体为程序，变"人控"为"机控"，采取程序化的手段来拓宽治理边界、提高治理效率、增强治理精度。通过使用智能检索软件等工具，对因特网上合法的市场主体建立的网站、网页和商务网站进行检索，通过与经济户口数据库的对比，明确涉网企业和其网络运营流程，实现对网络经营行为的精确监管。

健全电子证据采信技术与机制。完善电子证据的公证制度，推动电子凭证的可信时间戳模式，进一步在司法实践中应用；探索电子凭证的第三方鉴定机制，探索在知识产权行政执法部门内成立第三方认证机构，对电子凭证是否采信及交易平台商有无过错提供技术性的中立鉴定；进行电子证据复制时，使用镜像技术确保复制件与原始证据完全一致，复制完成后封存原始证据，并将复制过程详细记录在案；对电子凭证采信流程进行规范，要求对扣押、检查或转移电子证据的所有行为进行完整记录，并进行归档备查。

4.增强政府驾驭经济复杂状况的能力

（1）加快风险管控体系建设

数字经济发展带来创新业态、模式，具有不同程度的不确定性，甚至潜藏着一定的风险，如果不及时控制就会对经济社会产生巨大影响。可以采取以下做法：放宽市场准入，政府可以简化审批程序，降低市场准入门槛，鼓励更多的企业和个人参与数字经济领域。这将激发创新活力，推动数字经济的快速发展；加强风险管控，政府应当建立数字经济风险评估和预警机制，及时发现和评估数字经济领域的风险。通过对潜在风险的预警，政府可以采取相应的措施来规避和控制风险，确保数字经济的稳定运行；强化惩罚性赔偿力度，政府可以加大对违规行为的惩罚力度，包括对违法违规行为的罚款、行政处罚等。这将起到威慑作用，减少不道德行为的发生，维护数字经济的诚信和稳定。

（2）完善平台治理的评估问责机制

围绕"放管服"改革，采取一系列措施来评估平台治理效果并进行问责。建立平台治理效果评估机制，对平台的治理效果进行定期评估。评估可以从多个维度进行，包括用户满意度、平台规范运营、数据隐私保护等方面。通过评估结果，了解平台治理的实际效果，及时调整和改进相关政策和措施；建立问责运行机制，建立平台治理的问责机制，明确责任主体和问责程序。对于平台存在的问题和违规行为，采取相应的问责措施，包括警示通报、行政处罚等。这将起到震慑作用，促使平台企业加强自律，改进治理方式；引入社会力量参与评估问责，如第三方机构、专业组织等，参与平台治理效果的评估和问责工作。增加评估的客观性和公正性，能够提高问责的透明度和权威性。

（3）强化数字经济的信用联合奖惩机制

建立数字经济平台和用户的信用档案，记录平台和用户的信用行为和信用评级。这些信用档案可以包括平台的经营状况、用户的消费行为、支付记录等信息。通过建立信用档案，可以对平台和用户的信用进行全面评估。建立数字经济信用黑名单机制，针对严重的网络失信行为，可以采取限制措施，如限制其参与相关业务、限制其获得政府支持等。针对电商领域，可以建立电商信用评级制度。通过对电商平台和商家的信用行为进行评估，给予守信者更多的业务机会和优惠政策，同时加大对失信行为的打击力度。这将鼓励电商平台和商家提升信用意识，增强市场竞争的公平性和透明度。

第三节　数字经济协同治理

一、数字经济的主体协同治理

（一）数字经济的多元主体分析

数字经济协同治理的关键在于明确治理主体、职责和权力，促进多元主体协同合作，形成多元主体协同共治的局面。在宏观层面上，政府、市场和社会主体是数字经济协同治理的重要组成部分。政府作为主导者和决策者，负责制定政策、法规和规范，以促进数字经济的发展和维护公共利益。市场主体是数字经济的参与者，通过创新和竞争推动数字经济的增长。社会主体则代表了广大公众和社会组织，他们的参与和监督对于数字经济治理的有效性和公正性至关重要。在微观层面上，政府、社会组织、基层组织、公民、市场主体等为主体，两种划分最重要的差别在于对"社会"主体的认识上。一些研究将社会组织进一步细分为社会组织、人民团体和事业单位等。另一方面，有学者认为，事业单位实际上已包含了社区街道办事处等机构，因此不必单独列出基层组织。这种争议表明在界定治理主体时，对于社会组织的分类和定位仍有不同观点，需要进一步探讨和研究。

所以，对多元主体的划分方式可以从不同角度出发，以适应不同研究目的。宏观层面的划分方法适合用于顶层设计的研究，而微观层面的划分方法更适用于具体问题的研究。在数字经济治理中，可以将治理主体划分为政府、企业和社会三类。这种划分方式强调了数字经济中各主体的不同角色和责任。这种以政府、企业和社会为主体划分的方式，符合数字经济治理的现实情况和实际需求。在数字经济中，产业竞争呈现出大规模、大范围的平台战略竞争，平台经济企业在市场中具有重要地位。因此，将企业作为主体而不是市场主体的划分方式更加贴合数字经济治理的实际情况。

1. 政府主体分析

政府作为提供公共服务和履行公共管理职能的重要机构，承担着多项关键职责。首先，政府负责组织制定法律法规和公共政策，以确保社会秩序和公共利益的维护。这包括制定适用于数字经济的法规，保护数据隐私、网络安全和电子商务等方面的利益。其次，政府在数字经济治理中扮演着监督执行的角色，通过监管机构和相关部门，确保法律法规的有效实施，并打击违法行为。此外，政府还应致力于维护市场秩序，防止垄断和不正当竞争的发生，以促进公平竞争和创新。同时，政府还需要关注社会公平正义，确保数字经济的发展惠及全体人民，防止信息鸿沟和数字鸿沟的加剧。总的来说，政府在数字经济治理中的职责是多方面的，旨在保障公共利益、维护市场秩序和促进社会公平正义的实现。

政府在协同治理中是主导者，但不包办一切。随着数字经济的快速发展，政府在治理中的角色也发生了转变。在数字经济治理协同模式下，政府与其他治理主体之间形成了平等、协商、共治的关系。这意味着政府不再单方面决策和执行，而是与其他主体共同制定和实施数字经济治理的措施。政府权力已演化为公共服务的工具，其核心目标是回应社会需求、确保公平正义。新公共管理理论强调政府权力的演变，将其视为一种应承担的义务，而非纯粹的权力。政府的权力实质上是为了服务公众，解答公众疑惑，维护公平正义，这已成为政府在社会治理中的原则和立场。政府应积极制定和执行法律法规、政策，以实现公平、正义和善治。在数字经济治理中，政府的职责之一是制定适用于数字经济的法律法规和政策，以保护数据隐私、网络安全、电子商务等方面的利益。政府需要与各利益相关方广泛协商，制定具有前瞻性和适应性的政策，推动数字经济的可持续发展。同时，政府还应确保法律法规的有效实施，通过监管机构和相关部门，打击违法行为，维护市场秩序和公共利益。政府既要发挥主导作用，也需引导和协同其他主体参与治理。政府应引导和扶持其他协同主体参与数字经济治理，防止垄断和不正当竞争的发生，促进公平竞争和创新。政府应提高治理能力，并加强监管责任。政府在数字经济治理中不仅需要发挥主导作用，还需要培育和引导其他主体的参与。

政府在信息时代要求下，以电子政府、阳光政府、开放政府等新模式不断提高运行效率、服务水平和社会治理能力。随着信息技术的迅速发展，政府的角色也发生了深刻的转变。政府是信息的提供者，通过利用信息技术手段，向公众提供更加及时、准确、便捷的信息服务。政府角色从管理者转变为服务者，以满足公众的需求和期望。传统上，政府主要承担公共事务的管理和决策，但在信息时代，政府需要更加注重公众服务，以提高运行效率和服务水平。通过建设电子政府平台，政府可以提供在线办事服务、电子政务、数字化政务等，使公众能够更方便地获取政府服务，提升政府的服务质量和效率。政府角色从决策者转变为引导者，通过法制、机制和制度加强与社会成员的互动。

第一，立足监管者角色，制定和执行数据治理的法律法规和标准规范，为数据治理提供法规依据和引导。

政府在数据治理各主体中是立法者和监管者，应该在政策、制度、机制、法律法规及标准等方面抓紧开展工作，充分发挥政府的主导作用，建立健全数据治理的框架体系和规则秩序，理顺并设置数据管理的体制机制、数据开放共享的策略机制，研究制定数据治理的规则标准，执行落实数据安全及隐私保护的法律法规等。在数据安全法、个人信息保护法、网络安全法等法律框架下，加快构建数据基础制度体系，通过数据基础制度安排，强化分行业监管和跨行业协同监管，有效规范数据要素市场与数据行为，形成制度框架下的数据行为范式，明晰数据权利边界与权利规则，改变当前主要依靠行政处罚从经济层面规制数据社会、数据市场的现状，用制度与法律去规范和促进数据要素健康有序流动，发挥数据要素作用，引领新时代经济社会高质量发展。

第二，立足参与者角色，建设和完善数据治理的基础设施和平台，为数据治理提供技术支撑和资源支撑。

政府和企业、公共组织、公众等不同主体一起，共同成为数据治理的参与者，政府不仅是重要的数据生产者和拥有者，还是数据服务的提供者，更是重要的数据治理相关基础设施和平台的建设者和管理者。建设和完善数据治理的基础设施和平台，是实现数据价值和保障数据安全的重要途径，包括数据采集、存储、处理、分析、共享、应用、监管等各个环节的技术体系和资源配置。在公共数据治理中，需要进一步推动公共数据汇聚开放，建设公共卫生、科技、教育等重要领域国家数据资源库；推动用于公共治理、公益事业的公共数据有条件无偿使用，探索用于产业发展、行业发展的公共数据有条件有偿使用。加强数据治理和全生命周期质量管理，确保政务数据真实、准确、完整。优化完善各类基础数据库、业务资源数据库和相关专题库，加快构建标准统一、布局合理、管理协同、安全可靠的全国一体化政务大数据体系。

第三，立足使用者角色，推进和支持数据治理的创新应用和价值实现，为数据治理提供需求驱动和效果反馈。

数据治理的重要目标是提供高效、可信、有用的数据，从而支持业务决策和创新。政府作为数据治理创新应用和成果的重要消费者和使用者，需研判数据需求、痛点、期望，以及如何使用和评价数据，这样才能驱动设计和提供符合使用者需求的数据治理方案，提升数据的可用性、准确性、时效性、一致性等。同时，作为使用者可以收集和分析效果反馈，评估数据治理的效果和价值，不断优化和改进数据治理的流程和方法。推进和支持数据治理的创新应用和价值实现，意味着我们要积极探索和尝试新的数据治理技术、工具、模式，利用人工智能、大数据、云计算等技术手段，提高数据治理的效率和质量。为数据治理提供需求驱动和效果反馈，意味着我们要建立一个有效的沟通机制，保持密切的联系和交流，及时了解数据治理的需求变化和满意度，根据需求调整和完善数据治理的策略和措施，同时也能及时获取使用者对数据治理的评价和认可，提高数据治理的影响力和信任度。

第四，立足统筹者角色，平衡数据治理的安全和发展，为数据治理提供全面保障和良好氛围。

安全是发展的前提，数据安全事关国家安全，数据安全是数据治理的重要内容。政府作为数据治理的统筹者，必须肩负起数据安全治理的主体责任，把安全贯穿数据治理全过程，守住安全底线，充分发挥政府有序引导和规范发展的统筹作用，坚持"宽进严管"原则，明确数据治理各主体责任和义务，明确安全红线，牢固树立数据治理各主体的责任意识和自律意识，加强重点领域执法司法，把必须管住的坚决管到位，形成安全可控、弹性包容的数据治理体系，保障国家数据安全。提高政府在数字化发展中的统筹协调能力、社会整合能力、风险应对能力、总体安全保障能力，从而充分发挥数据要素作用，促进数据生产力发展，保障人民群众的数据权益，更好应对国内外全新的数据安全挑战。

2. 企业主体分析

市场作为社会分工发展的产物，是经济活动的重要场所。在市场中，企业是最重要的市场主体之一，承担着产品生产、服务供给、商品流通、市场交易等职能。传统企业通过生产和销售商品来满足消费者的需求，推动经济的发展和社会的繁荣。然而，在数字经济时代，数字经济企业因对信息和资源的掌握更多，其职能与传统企业有所不同。数字经济企业依赖于信息技术和互联网，通过创新的商业模式和技术手段，提供各种数字化产品和服务。它们在数字化、网络化和智能化方面具有独特的优势，对经济和社会的发展产生了深远的影响。所以，数字经济企业的社会责任和使命更加艰巨。

第一，企业作为数字经济活动的主要角色，在数字经济协同治理中扮演着重要的角色。在传统经济时代，政府通常具有经济事务管理的权限，能够通过法律法规和政策来引导和监管经济活动。然而，在数字经济时代，由于技术和数据掌握在企业手中，政府监管面临着一些技术性障碍。数字经济企业以其在信息技术和互联网领域的专长，拥有更多的技术和数据资源。这使得传统的监管方法和工具可能不再适用，政府监管面临着一定的挑战。强化企业的治理作用、明确企业的治理职责已成为数字经济协同治理的必然趋势。企业在数字经济治理中承担着更多的责任和义务。首先，企业需要加强自身的内部治理，建立健全的企业治理结构和机制，确保企业的合规运营和风险控制。其次，企业需要积极履行企业社会责任，关注数据安全、用户隐私保护、消费者权益保护等方面的问题，推动数字经济的可持续发展。此外，企业还应积极参与行业自律和标准制定，促进行业的规范发展。政府在数字经济协同治理中也需要发挥重要作用。政府应加强监管能力建设，提升对数字经济企业的监管水平，制定适应数字经济发展的法律法规和政策措施。政府还应加强与企业的沟通和合作，形成政府、企业和社会各方共同参与的治理格局，共同推动数字经济的健康发展。

第二，企业在数字经济协同治理中肩负着重要的责任。在数字经济时代，企业不仅仅是经济利益的追求者，更是社会发展的参与者和推动者。企业应积极参与数字经济治理，保持主动性和责任感，以实现自身的健康发展和促进行业的健康发展。首先，企业应坚持服务公民和服务社会的理念。数字经济企业依赖于广大用户和消费者的支持和信任，因此应该将公民和社会的利益放在首位。企业应该注重用户隐私保护，确保用户数据的安全和合法使用。同时，企业还应该关注消费者权益保护，提供高质量的产品和服务，满足用户的需求。其次，企业应做好内部协同与外部协同。内部协同是指企业内部各部门之间的合作和协调，确保企业的决策和行动一致，形成统一的治理机制。外部协同是指企业与其他利益相关者的合作和协调，包括政府、行业协会、社会组织等。企业应积极参与行业自律和标准制定，加强与政府和社会各方的沟通和合作，共同推动数字经济的健康发展。最后，企业应推动自身的健康发展和行业的健康发展。企业应加强自身的内部治理，建立健全的企业治理结构和机制，提高企业的管理水平和创新能力。企业还应积极进行技术创新和业务创新，推动数字经济的发展和转型升级。同时，企业应关注行业的可持续发展，积极参与行业规范的制定和执行，共同维护行业的良好秩序和竞争环境。

3. 社会主体分析

在数字经济协同治理中，社会主体包括行业组织和公民个体，它们在推动数字经济治理方面发挥着重要作用。行业组织是数字经济协同治理的重要主体之一，它们通过制定规则和标准来约束成员企业的行为，为行业企业提供服务和协调利益。行业组织的存在可以促进行业内的合作与协调，提高行业的整体治理水平。

行业组织在数字经济协同治理中扮演着多重角色。首先，它们可以制定行业标准和规范，引导企业的行为和发展方向，促进行业的规范化和可持续发展。其次，行业组织可以为企业提供培训和咨询服务，提升企业的管理水平和创新能力。此外，行业组织还可以协调企业之间的利益关系，解决行业内的纠纷和冲突，维护行业的良好秩序和竞争环境。公民个体作为重要的社会主体，参与数字经济治理的意愿和能力不断提高。随着数字经济的快速发展，公民个体对数字经济治理的重要性有了更深刻的认识。公民个体可以通过参与公共讨论、提出意见和建议，推动数字经济治理的改进和完善。此外，公民个体还可以通过自己的消费选择和行为习惯，对数字经济企业施加影响，促使其更加关注社会责任和用户权益保护。

第一，行业组织作为数字经济协同治理的主要主体，具备承接政府治理职能的能力和责任。它们在数字经济领域发挥着重要的协调和引导作用，以整合企业、加强行业自治为主，并协同公民个体加强对数字经济治理。首先，行业组织可以承接政府治理职能，填补政府治理的空白。在数字经济领域，政府可能面临知识和资源的限制，难以全面有效地监督和管理。行业组织作为行业内的专业组织，具备深入了解行业特点和需求的能力，可以代表行业利益，制定行业规则和标准，引导行业发展方向，并协助政府进行监管和治理。其次，行业组织可以整合企业，促进行业内的合作与协调。数字经济领域的企业众多，竞争激烈，行业组织可以发挥桥梁和纽带的作用，促进企业之间的合作与协同。通过组织行业内的交流活动、合作项目和联合行动，行业组织能够建立起企业之间的信任和合作机制，共同应对行业面临的挑战。此外，行业组织还可以加强行业的自治能力，自我管理和自我约束。通过制定行业规范和行为准则，行业组织可以引导企业遵循规则，规范市场行为，维护行业的良好秩序。行业组织还可以建立行业自律机制，监督和惩罚违规行为，提高行业的整体治理水平。

第二，公民作为数字经济协同治理的新生力量，在数字经济生产和消费中扮演着重要角色。在数字经济时代，公民不再只是消费者，还成为产品和服务的提供者，需要承担准企业责任。公民的参与对于数字经济治理具有重要意义，可以成为政府和企业协同治理的重要力量。特别是在中国这样拥有庞大网民数量的国家，公民的参与为数字经济治理提供了强大的群众基础。首先，公民通过参与数字经济生产和消费，对数字经济治理产生直接影响。公民个体在数字经济中提供和消费各种产品和服务，他们的行为和选择直接塑造着数字经济的发展和格局。公民的消费行为可以影响企业的市场行为和产品质量，进而推动企业更加关注社会责任和用户权益保护。其次，公民参与数字经济治理可以增强治理的民主性和公正性。公民个体具备独立的意见和利益，他们的参与可以促进治理决策的多元化和民主化。公民可以通过参与公共讨论、提出意见和建议，对数字经济治理的改进和完善发挥积极作用。公民的参与还可以帮助政府和企业更好地了解公众需求和关切点，加强治理的针对性和透明度。

（二）数字经济多元主体协同治理模式的构建

数字经济的兴起对社会管理模式产生了深远的影响，从传统的权威的自上而下的管理模式转向了政府主导、市场自治和社会参与的协同治理模式。习近平总书记也强调了社会治理模式需要从单向管理转变为双向互动、线上与线下融合，并注重社会协同治理的转变。

协同治理是一种超越传统管理模式的新型治理方式，与传统的单向管理模式相比，在主体范围、权威来源、运作方式和价值取向等方面有着明显的不同。首先，协同治理涵盖更广泛的主体。协同治理则更加注重多元主体的参与和合作。在协同治理中，政府、企业、公民和社会组织等各方都被视为治理的参与者，协商、合作和共同承担责任。这种广泛的主体参与能够更好地反映社会的多元利益和需求，增加治理的合法性和可接受性。其次，协同治理的权威来源更加多元化。协同治理则更加注重权威的多元来源。在协同治理中，权威可以来自政府的政策制定和监管，也可以来自市场的自律和自治，还可以来自公民的参与和社会组织的发声。这种多元化的权威来源能够更好地反映各方的利益和权益，增加治理的公正性和合理性。此外，协同治理的运作方式更加灵活。协同治理则更加注重合作、协商和共识的达成。在协同治理中，各方通过信息共享、意见交流和协作合作，共同解决问题和制定决策。这种灵活的运作方式能够更好地适应复杂、多变的社会环境和问题，提高治理的效率和灵活性。

协同治理是一种明确要求权力框架、加强主体内部和主体之间协同的治理方式，旨在确保各治理主体在数字经济治理中充分发挥作用、承担责任，共同协作治理，实现数字经济的健康发展。在协同治理模式中，政府、企业和社会等不同主体都承担着各自的责任，不能放弃自己的责任，同时也需要加强协同合作。政府需要与企业和社会形成合力，共同制定和实施治理措施，形成共识和共同行动。企业需要与政府和社会进行沟通和合作，共同解决问题，推动数字经济的发展和治理。社会组织和公民个体也可以通过参与数字经济的生产和消费，发表意见和建议，推动治理的民主化和公正化。

　　数字经济的发展需要适应新形势，建立起多元主体协同治理的体系，以适应日益复杂和快速变化的数字经济环境。在这个协同治理体系中，各个主体都扮演着重要的角色和责任。首先，政府在数字经济治理中应明确责任和权利，发挥主导作用。政府应制定适应数字经济发展的法律法规和政策，为数字经济的健康发展提供指导和规范。政府还可以通过推动数字化转型、建设数字基础设施等手段，推动数字经济的发展。其次，企业作为数字经济的主要参与者，也需要主动加强自律自治，为其他主体提供支持和协助。企业应加强内部治理，建立健全的企业道德和行为准则，保护用户数据和个人隐私。此外，行业组织在数字经济治理中也发挥着重要的作用。行业组织应规范行业发展，制定行业准则和标准，提高行业发展的质量和水平。行业组织还应营造良好的行业发展氛围和商业伦理环境，促进行业内企业之间的合作与交流。行业组织还可以与政府合作，共同制定行业发展规划和政策，推动行业的健康发展。公民个人在数字经济治理中也扮演着重要的角色。公民个人应加强数字经济素养，提高对数字经济的理解和运用能力。公民个人还应培养诚信意识，遵守法律法规，不参与网络诈骗、侵犯知识产权等不良行为。建立政府主导的数字经济多元主体协同治理模式的具体内容包括以下几个方面：

　　1. 政府发挥主导作用

　　在数字经济发展中，政府应该发挥主导和引领的作用，但不是以大包大揽的方式参与，而是以监督、协调和服务的角色为主。政府可以通过制定战略、法律法规和行政指令等方式参与数字经济治理，以确保数字经济的健康发展。政府在数字经济治理中应该转变自身的职能定位，远离生产端，将重心放在服务数字经济企业发展和营造良好环境上。政府可以提供政策支持和激励措施，为数字经济企业创造有利的发展环境。政府还可以提供培训和咨询服务，帮助企业提升数字化能力，推动数字经济的创新和转型升级。政府还应该加强监督和管理，确保数字经济的合规运行。政府可以建立监测机制和评估体系，对数字经济企业的运营和数据安全进行监督和评估。政府还可以加强对数据隐私和网络安全的监管，保护用户的权益和个人隐私。政府的角色应从过去的"划桨人"转变为"掌舵人"，更加注重引导和协调，让市场在数字经济发展中发挥更大的作用。政府应该放手让市场发挥作用，同时提供必要的服务和支持，为数字经济的发展提供良好的环境和条件。

2. 企业承担主体职责

数字经济治理的有效性和成效需要数字经济企业承担更多责任，并将其置于治理活动的中心地位。数字经济企业作为主要参与者，具有技术、资源和市场优势，应承担更多的责任，以推动数字经济治理的效率和质量的提高。数字经济企业应加强自身的内部治理和自律机制，还应建立健全企业道德和行为准则，确保合规经营和诚信经营。数字经济企业应该重视对用户数据的保护和对个人隐私的尊重，采取措施确保数据安全和隐私保护。数字经济企业还应加强对员工的培训和教育，提高员工的法律意识和道德素养。数字经济企业应积极参与数字经济治理的制定和实施。数字经济企业应主动配合政府的监管和执法工作，遵守相关法律法规和政策要求。数字经济企业可以通过建立合规部门和机制，加强内部风险管理和合规审查，确保企业的经营活动符合法律法规的要求。此外，数字经济企业还应积极开展社会责任履行。数字经济企业应关注社会问题和公共利益，积极参与社会公益事业和可持续发展。数字经济企业可以通过推动绿色可持续发展、资源回收利用、公益捐赠等方式，回报社会，提升企业形象和社会声誉。

3. 社会广泛参与

公民和行业组织在数字经济治理中扮演着不可或缺的重要角色，应积极参与治理过程，发挥自身的力量，以维护个人权益，加强社会监督，推动行业自治和制定规范，促进政企对话，从而提高数字经济治理的效果和质量。公民作为数字经济的用户和消费者，应了解自己的权益和利益，并积极维护个人隐私和数据安全，可以通过选择安全可靠的数字经济产品和服务，对不合规的企业行为说"不"，推动企业遵守法律法规和道德规范。行业组织代表了企业的集体利益，可以通过制定行业准则和标准，推动行业的自律和规范发展，还可以加强社会监督，推动数字经济治理的透明度和问责性。

4. 各方优势互补协同共治

政府、企业和社会力量在数字经济治理中应该共同努力，发挥各自的优势，形成多元共治的局面。在共同的治理目标下，三者可以在分工合理、协同互助的条件下参与数字经济治理。政府应发挥指导和强制作用，制定战略规划和法规制度。企业应发挥技术优势，解决问题并推动公民自治。公民和社会组织应发挥独立作用，维护权益和规范发展。三者之间需要建立有效的沟通和协调机制，共同参与数字经济治理，形成多元共治的局面。

二、数字经济的机制协同治理

（一）协同治理机制分析

协同治理机制是指建立在各个主体之间的互动、协调和联系基础上的机制。在这个背景下，机制体现了整个治理体系中各要素之间相互关联、相互影响的关系和运作方式。而协同治理机制则是这一机制在协同治理领域的具体应用。尽管协同治理理论和模式仍处在不断发展阶段，但在数字经济治理中的应用尚未充分发挥，需要更深入的理论研究。当前数字经济治理协同机制的应用仍存在不足之处，需要进一步加强研究和实践。只有深入理解不同国家的治理现状，并基于此制定相应的协同机制，才能更有效地推动数字经济治理的发展。因此，未来的研究应该聚焦于深化协同治理理论，同时在实践中不断完善数字经济治理协同机制，以促进数字经济的可持续和健康发展。

协同治理机制是协同治理的重要研究对象和组成部分。协同治理是指各个主体通过互动、协调和合作，共同解决公共问题和推动社会发展的过程。协同治理机制则是支撑和促进这种协同治理过程的机制体系。为了进一步完善协同治理理论和指导实践，我们需要加强对协同治理机制的研究。首先，我们需要深入理解协同治理机制的运转机理。我们还需要关注协同治理机制中的关键变量。这些变量可以是影响协同治理效果的因素，如参与主体的合作意愿、信息共享的程度、权力分配的方式等。其次，我们还应当注重实践经验的总结和案例分析。通过对不同领域、不同地区的协同治理实践进行深入研究，获取宝贵的经验教训和成功经验，为协同治理机制的设计和实施提供借鉴。

（二）数字经济协同治理机制的要素分析

数字经济治理协同机制是政府、企业、行业组织、公众等多元主体参与合作的互为关联、互为因果的联结方式，为推动数字经济健康有序发展的动态推动过程。本书进一步分析了数字经济治理协同机制的要素。

第一，数字经济治理需要实质参与，即政府、企业、行业组织和公民等多元主体基于共同认知和价值，在平等、民主、充分的交流沟通中解决问题。实质参与强调平等地位、民主对话、良好沟通、包容立场和充分表达。在数字经济治理中，实质参与尤为重要，这是因为多元主体地位不同，信息技术使声音传播更快，主体身份具有复杂性。只有通过协同机制推动坦诚沟通，消除误会，弥合分歧，才能赢得主体的信任和支持。实质参与意味着各主体在数字经济治理中具有平等的地位和发言权。政府、企业、行业组织和公民应该在决策和实施过程中共同参与，形成共识和共同行动。民主对话是实质参与的核心，各主体应充分表达自己的观点和利益，同时倾听和尊重其他主体的声音。良好的沟通是实质参与的基础，通过开放、透明、及时的信息共享，各主体可以更好地了解彼此的需求和期望，协调行动，达成共同目标。实质参与还需要主体具备包容的立场和态度。各主体应相互理解、包容和妥协，寻求共同利益的平衡点。

第二，共享动机是实现有效协同治理的必要前提。多元主体之间相互影响，共享动机是一个动态变化的过程。共享动机对协同治理的顺利进行具有决定性影响。在数字经济治理中，共享动机主要表现为建立信用共享机制和数据开放共享。信用共享机制是通过评估个体的消费记录、信用信息等来评估其信用情况，从而建立起信用共享的机制。这种机制对于有效的治理至关重要。信用共享可以鼓励个体遵守规则、履行承诺，减少不良行为的发生，提高治理效果。信用共享机制可以促进各主体之间的互信和合作，推动数字经济的健康发展。数据开放共享是政府和企业需要推动的重要方向。政府拥有权威信息和公共数据资源，推动政府数据的开放是其他主体参与社会治理的前提条件。政府数据的开放可以提供更全面、准确的信息基础，促进各主体共同参与治理，实现更好的决策和资源配置。同时，企业作为数据的持有者，推动企业数据的开放也是数字经济治理需要关注的重要一环。通过数据的开放共享，可以实现信息的流通和共享，促进创新和协同，推动数字经济的发展。

第三，协同治理是实现数字经济有效治理的关键，但需要多元主体具备共同的行动能力。共同行动能力包括程序和制度安排、领导力、知识和资源等要素。在数字经济协同治理中，制度和程序协同是至关重要的因素，需要建立健全的法律法规、明确权利义务、规范协同标准。首先，制度和程序协同是数字经济协同治理的基础。通过建立健全法律法规和制度安排，可以明确各主体的权利和义务，规范协同行为。这些法规和制度应当具备透明、公正、可执行的特点，为协同治理提供明确的指导和保障。同时，还需要制定明确的程序和流程，确保各主体在协同治理中能够有序地参与和合作。其次，领导力在协同治理中起着重要的作用。领导者应具备战略眼光和协同能力，能够协调各主体的利益和行动，推动协同治理的实施。领导者还应具备沟通和协商的能力，能够促进各主体之间的理解和合作，解决分歧和冲突，达成共识。此外，知识和资源也是实现协同治理的要素。各主体需要具备相关的知识和技能，了解数字经济的特点和挑战，掌握协同治理的方法和工具。同时，各主体还需要充分利用和整合自身的资源，包括财务、技术、人力等，为协同治理提供支持和保障。

（三）数字经济协同治理机制的建设

1. 建设数字经济法治环境与法律体系协同机制

数字经济治理需要以法治为手段和保障，各主体应适应数字经济发展特点，具备对新知识——权力管理的前瞻能力。政府应完善法律法规制度体系，明确治理主体责权利关系，促进数字经济法律和企业规则协同，确保多元主体的共同行动能力。

第一，加强数字经济的法治环境建设，并建立数字经济法律体系的协同机制，是数字经济治理的重要任务。相关部门应加强监管力度，打击虚假广告、价格欺诈等违法行为，保护消费者权益，维护市场秩序。此外，相关部门还需要加强知识产权保护，打击侵权行为，维护创新和公平竞争的环境。

第二，完善法律制度是确保数字经济健康发展的基础。政府应加强法律法规的制定和修订，以适应数字经济的快速变化和新兴业态的发展。这包括建立和完善数字经济相关的法律法规，如数据保护法、网络安全法等，以保护个人隐私和信息安全。另外，维护公平竞争秩序是数字经济治理的重要任务之一。政府应制定反垄断法和反不正当竞争法等法律，防止市场垄断和不正当竞争行为的发生。

2. 建设信息共享机制

多元主体协同治理的关键在于建立信息共享机制，这一机制能够预防、发现和解决问题，推动协同治理的有效实施。信息共享的实现打破了信息资源的孤岛状态，实现了信息的有效、最大化共享，从而促进了数字经济的创新发展和市场、社会需求的导向。通过共享信息，各主体能够更好地了解市场、行业动态，及时调整策略和资源配置，提高决策的合理性和准确性。

第一，政府应加强监管，制定相关法规，规范信用信息的收集、使用和保护。同时，政府应拓展获取渠道，建立信用信息平台，整合各部门和机构的信用数据，提供便捷的查询渠道。此外，政府还应鼓励第三方机构参与信用信息的收集和评估，以增加信息的多样性和准确性，实现信用信息建设与共享。

第二，开放和共享信用信息也至关重要。通过建立信息共享机制，可以解决信息不对称和数据资源割据的问题，增加各方之间的信任和合作。政府可以推动数据资源的共享和开放，鼓励企业和组织共享自身的数据资源，同时确保数据隐私和安全。数据资源共享与开放能够降低协同成本，提高数字经济协同治理的质量和效率。

3. 建设领导协调与利益平衡机制

数字经济协同治理的关键在于多元主体之间的有效协调和利益协同。为了实现这一目标，建立和完善数字经济协同治理协调机制至关重要。这种机制可以促进各利益相关方之间的沟通和协商，确保各方的声音被充分听取和考虑。同时，该机制还可以实现利益平衡，确保各方的合理权益得到保护。监督评估也是协同治理协调机制的重要组成部分，通过对治理过程和结果进行监督和评估，可以及时发现问题并采取相应措施加以解决。

第一，在数字经济协同治理中，面向不同治理对象的领导协调机制起着重要的作用。这些机制针对特定领域或特定问题，旨在促进多元治理主体之间的协同合作，实现有效的治理结果。建立这样的机制需要明确各协同主体的职责、协同形式和运行规则，以确保协同治理的有效性和效率。领导协调机制应该明确不同主体在协同治理中的角色和职责。政府在协同治理中通常扮演领导和协调的角色，负责制定战略、政策和法规，推动各方的参与和合作。同时，企业、社会组织和公民等其他主体也应发挥各自的作用，积极参与治理实践，提供专业知识和资源支持。领导协调机制还需要明确协同的形式和方式。不同治理对象可能需要采取不同的协同方式，如建立联合工作组、召开协商会议、开展合作项目等。这些协同形式应根据具体情况和需求进行灵活选择，以确保各方能够充分发挥自身优势，共同推进治理目标的实现。此外，领导协调机制还需要明确运行规则和流程。这包括信息共享机制、决策流程、资源分配方式等。通过明确这些规则和流程，可以确保各方在协同治理中的参与公平和透明，避免不必要的冲突和摩擦，提高协同治理的效率和效果。

第二，建立有效的利益平衡机制至关重要。这一机制旨在确保整体利益与各主体自身利益之间的协同，并促进各主体之间的利益平衡。通过协同合作，各主体能够在追求自身利益的同时，也能够实现社会共同利益和治理目标。首先，利益平衡机制需要关注整体利益与各主体自身利益之间的平衡，包括经济利益、社会利益和环境利益等。利益平衡机制应确保各主体的利益得到合理的平衡和保护，避免某一方的利益过度凸显而损害其他方的利益。其次，利益平衡机制还需要关注各主体之间的利益平衡。在数字经济协同治理中，涉及政府、企业、社会组织和公民等多个主体，它们可能有不同的利益诉求和权力地位。利益平衡机制应确保各主体在决策和实施过程中都能够发挥合理的作用，避免某一方主导而忽视其他方的利益。

数字经济的迅速发展带来了利益平衡的重要挑战。在理想情况下，不同治理主体应通过协同合作来实现整体利益，并确保满足自身利益。然而，现实情况中往往存在整体利益与个体利益的冲突，导致各协同主体更加关注自身利益而忽视整体利益。尤其是在数字经济领域，由于信息不对称和技术壁垒的存在，企业主体通常能够获得更多数据和更先进的技术手段，从而在管理和治理方面具备明显优势，而政府监管和治理则滞后于发展。此外，数字经济的快速发展也使得企业主体有短期追逐利益的冲动，可能会损害社会的整体利益。因此，建立有效的利益平衡机制至关重要。政府在这一过程中扮演着关键角色，应加强监管，维护公共利益和公平竞争秩序。政府还应提供支持和引导，为企业主体创造公平竞争的环境，同时保护消费者权益和个人隐私。与此同时，企业主体也应积极履行社会责任，遵守规则，与其他主体共同推动数字经济的健康发展。企业应该意识到，长期的可持续发展需要与社会各方的利益相协调。此外，企业还可以与政府和其他利益相关者合作，共同解决数字经济中的挑战，促进公平竞争和可持续发展。公民主体也应增强自我保护意识，主动参与数字经济治理，推动社会整体利益的实现。公民还可以参与公共讨论和决策过程，提出建设性意见，推动数字经济治理的透明度和合法性。

4. 建设大数据技术手段应用机制

在数字经济时代，大数据成为关键的生产要素。通过收集、存储和分析海量的数据，企业能够更全面地了解市场和消费者行为，促进不同主体之间的协同合作，提升治理效率和精确性。因此，大数据技术在数字经济的协同治理中具有重要的作用，并将在未来继续发挥更大的作用。

第五章　数字货币与数字税

随着数字经济的发展，数字货币与数字税的相关问题也接踵而至。本章讲述数字货币与数字税的相关内容，分别是数字货币概述、主权数字货币以及数字税。

第一节　数字货币概述

一、数字货币的内涵与发展

（一）数字货币的定义

数字货币，又称为互联网货币、虚拟货币、电子货币，是伴随着数字网络增值产品和服务的产生和发展而出现的，它是一种以数字交易媒介的方式存在，在互联网中以比特流这种数字形式存储于物理介质中，并且在网络虚拟空间中购买产品和增值服务的数字化货币。根据巴塞尔委员会的定义，数字货币是指在零售支付机制中，通过销售终端、不同的电子设备之间以及在公开网络（如互联网）上执行支付的"储值"和预付支付机制。

（二）数字货币的属性

根据载体介质，货币可分为以实物为载体的物基货币和以产权为依托的权基货币。根据发行机构的不同，货币可以分为中央银行货币（central bank money）、加密货币（cryptocurrency）、银行货币（b-money）、电子货币（e-money）、投资货币（i-money）。前四者由银行发行，货币在一些国家也可以由新兴的私营性质的发行者发行，投资货币由私人投资基金发行。这些货币类型构成了货币属性。人们最熟悉的当属现金形式的中央银行货币，它的数字版本——央行数字货币（CBDC），引发了广泛的讨论。

数字货币的雏形是虚拟货币，所以，狭义上的数字货币仅指私营性质的发行者发行的虚拟货币，广义上的数字货币包括加密货币和数字货币等虚拟货币。如比特币、Q 币、Facebook Coins（脸书币）、魔兽世界 G 币、Linden Dollars（林登元）等。有些数字货币与法定货币之间不存在兑换关系，如魔兽世界 G 币。有些数字货币可以通过法定货币来购买，也可以用于购买虚拟产品和真实的商品，但不能兑换成法定货币，如 Amazon Coins（亚马逊币）。还有一些可以直接兑换成法定货币，如比特币、莱特币。

数字货币的属性表现为：第一，大多数货币由某个网络社区发行和管理，不受监管或很少受监管，尤其是不受或很少受中央银行监管；第二，以数字形式存在；第三，网络社区建立了内部支付系统（支付清算功能）；第四，被网络社区的成员普遍接受和使用（一般等价物）；第五，可以购买网络社区中的数据商品和实物商品（交换媒介）；第六，可以为数据商品和实物商品标价（价格信息功能）。

（三）数字货币的功能

数字货币不同支付方式在所属类型（物体或是权利）、价值形态、担保责任的来源、技术性因素等方面都有所不同。

数字货币功能表现为：第一，货币总供给会因为货币流通速度与货币乘数的变化而受到影响。第二，中央银行控制货币供应量的难度会因为基础货币受到的强烈影响而增大。第三，货币需求量的降低和货币流通速度的增加是基础货币被取代，货币乘数的内生性提高引起的，既和同期的货币乘数有显著的相关性，又与银行活期存款和现金有相同的作用。

（四）数字货币的发展

数字货币发展的主要原因是：第一，伴随着计算机技术在金融领域的应用，使得银行业务和货币的形式逐步演变。第二，互联网技术的发展奠定了信息交流的基础。信息技术革命带来了网络技术的进步，也给货币形式的创新创造了条件，在线支付越来越受到重视。第三，虚拟市场和电子金融出现。由于随着虚拟经济的发展，人们需要大量即时、小额度的交易，而非金融机构发行的网络货币，克服了传统数字货币的持有壁垒以及交易过程中多方确认导致的烦琐手续，更加适应人们对于便利的需求，所以受到越来越多的重视，得到了较快的发展。

二、数字货币分类

数字货币是一种新型的货币形式，以数字化的方式进行交易和流通。数字货币的种类繁多，可以按照不同的标准进行分类。

（一）按照发行主体分类

1. 中央银行发行的数字货币

这类数字货币由国家中央银行发行，是国家法定货币的数字化形态。目前，全球范围内正在探索中央银行数字货币（CBDC）的研究和实践。

2. 商业机构发行的数字货币

这类数字货币由商业机构或金融机构发行，如支付宝、微信支付等。它们通常与现有金融体系相结合，提供便捷、快速的支付服务。

3. 社区自发发行的数字货币

这类数字货币由社区自主发起并运作，如比特币、以太币等。这些数字货币通常采用去中心化技术，无需中心化机构参与管理和监管。

（二）按照技术特点分类

1. 基于区块链技术的数字货币

这类数字货币使用区块链技术实现交易和流通，并且具有去中心化、匿名性等特点。比特币等都是基于区块链技术的数字货币。

2. 基于非区块链技术的数字货币

这类数字货币使用其他技术来实现交易和流通，如莱特币、瑞波币等。

（三）按照功能分类

1. 支付型数字货币

这类数字货币主要用于支付和结算，如比特币、莱特币等。

2. 投资型数字货币

这类数字货币可以被视为一种投资资产，其价格受到市场供需关系的影响，如比特币、以太币等。

3.稳定型数字货币

这类数字货币的价值相对稳定，通常与某种法定货币或商品挂钩。例如，USDT 是一种以美元为锚定的稳定型数字货币。

总之，随着科技的发展和金融业务的变革，未来数字货币将会越来越多样化。不同类型的数字货币将会在不同场景下发挥不同的作用。

三、数字货币的特征

（一）金融直接交易

1.金融脱媒

根据金融脱媒理论，是资金供求双方不通过金融中介而直接进行资金交易的现象；"媒"在狭义上是指商业银行，在广义上是指金融部门。数字货币不依托任何实物，依靠密码技术和校验技术来创建、分发和维持，因此属于一种金融脱媒。

2.金融中介存在的价值

第一，在借贷活动中，金融中介能够降低不同阶段因不匹配信息产生的交易成本，包括贷款前选择项目阶段，贷款后监督项目阶段和项目完成收回贷款阶段。

第二，金融中介能够通过代替投资者开展交易，实现节约成本的目标，因为此机构本身的专业优势能够减少复杂多样的金融工具同时参加到市场中的成本。

第三，金融中介被视作"流动性蓄水池"，降低了交易双方的流动性风险。但是，金融中介也会导致货币流动效率降低，形成垄断，由此降低服务效率。

（二）数字货币的鲶鱼效应

鲶鱼在影响小鱼生存环境的同时，激发了小鱼的求生能力的现象被称为鲶鱼效应。这种效应应用在数字经济中，也就是为激发市场中同行业企业的活力，通过威胁的方式或手段增加部分竞争者的活跃度和参与竞争的主动性。

数字货币以其独特的优势将对传统货币的竞争行为产生深远的影响，通过在传统货币体制长期发展过程中发挥"鲶鱼效应"，改变传统金融盈利模式、业务结构、客户基础、服务水平、建立和信息管理系统等。

（三）覆盖范围广，成本低

在各国法律条件允许的前提下，数字货币能够实现全球范围内的流通，而且，流通的成本几乎为零，从而为交易双方节省了大量成本，尤其是节省了跨国交易中的各种成本。

（四）能够实现高效的交易

凭借互联网等现代金融科学技术，数字货币提升了交易的速度和频率，节省了大量成本，因此，极大地提升了交易效率。

（五）不能脱离主权

数字货币币值取决于人们对货币的信心，但同时也会受各国经济水平波动的影响，并非完全脱离国家主权的无政府主义货币。

（六）数字货币能够降低"假币"风险

区块链技术有效防范了制造假币的可能性。

（七）实现交易创新

实现跨国小额信贷、创造全球共享交换模式、促进支付创新、加速货币流通、引入货币性刺激。

四、数字货币市场及风险

（一）数字货币市场类型

数字货币市场类型按照支付功能划分，主要包括虚拟钱包、支付市场、汇兑市场等。

（二）数字货币的风险

1.数字货币的内在风险

主要包括：第一，信用风险（或发行人的风险），如货币量远大于实际货币量，有可能会产生泡沫。第二，流动性风险。由于数字货币是约定型货币，如果发行人非主观原因不能满足赎回需求，就会形成流通性风险。第三，支付安全风险。持有人面临账号被盗、个人信息泄露风险。第四，对现有法律秩序造成冲击，加大了监管难度，有可能成为洗钱、赌博、偷税工具。

2. 数字货币对物价稳定的风险

数字货币的创造不再分中央银行和商业银行，也不会产生多个层次的货币，在网络内流通的也不再仅仅是现金。为此对物价会产生以下影响：第一，过量发行会引起通货膨胀；第二，对法定货币产生"挤出效应"；第三，影响货币流通速度，但中央银行无法监控。

3. 数字货币对金融稳定的风险

对现实金融体系造成冲击，具体表现为：第一，对传统货币造成冲击；第二，虚拟货币与现实货币互相兑换，造成输入性通货膨胀；第三，扰乱现实经济。

第二节　主权数字货币

一、主权数字货币概述

（一）主权数字货币的定义

根本上来说，主权数字货币是一种法定数字法币或数字货币（Digital Fiat Currency，DFC），之所以被称为中央银行数字货币，是因为它是以各国中央银行为发行机构并通过国家主权发行的数字货币。

主权数字货币的概念为"由央行主导，在保持实物现金发行的同时，以加密算法为基础发行的数字货币"，是由中国人民银行数字货币研究所提出的，是 M0（流通中的纸币和硬币）的构成部分。

相对而言，我们可以从广义和狭义两方面来对中央银行数字货币进行阐释。中央银行数字货币指的是能够广泛访问的中央银行账户，包含基于账户、由中央银行发行的电子货币，这是在广义层面的阐释；中央银行数字货币指的是中央银行定向针对商业银行批准发行的数字加密货币和中央银行发行、无用户限制的数字加密货币，这是在狭义层面的阐释。

（二）主权数字货币的特点

主权数字货币一般具有国家权威性、普遍可接受性、线上与线下支付相结合、安全性等特点。

（三）主权数字货币的发行方式

1. 零售型

通用型或零售型央行数字货币指的是中央银行直接面向企业和个人等终端用户发行的货币。尽管这一发行方式具有货币政策传导通畅、成本低、简单、便捷的优点，但直接弱化了商业银行中介作用这一缺点也很明显。

2. 批发型

批发型数字货币指的是中央银行面向商业银行等金融机构发行的货币，终端用户应用现金或存款向商业银行购买或与之进行兑换用户所需的数字货币。

（四）主权数字货币的发行原则

1. 稳定金融秩序

必须防范金融逻辑颠覆性风险、货币政策和监管风险、区域系统性金融风险三类风险，促进金融稳定。

2. 安全与效率兼顾

完善分布式账本技术安全性，克服分布式账本技术存在的先天缺陷。

3. 有序发展

主权数字货币的发行并不是为了彻底取代现有电子货币和现金，而是为了让央行数字货币能够切实发展为数字经济时代中，可以为所有市场用户与主体带来实惠的金融基础设施，我们应平衡数字鸿沟与数字机遇，考虑各类型用户的需要，同时还需要为数字货币产业链各类型市场主体预留发展空间。

二、各国主权数字货币的实践

（一）美国

以支持发展与监管一同发展为方式的联邦与州合作监管模式是美国对数字货币监管采用的模式。在州层面，各州制定自己的数字货币规则，但未达成一致。

在联邦层面,监管机构从金融创新视角规制数字货币与相应的衍生品。2020 年以来,美国增强了对数字货币的监管,建立一致的数字货币监管框架和"跨部门冲刺小组",这是美联储(FED)、美国货币监理署(OCC)和联邦存款保险公司(FDIC)计划共同进行的。

(二)英国及欧盟

英国对数字货币保持开放态度,采用"监管沙盒"的方式。2018 年,为加强对数字货币金融犯罪的惩治力度,英国央行决定对数字货币交易的管理施行和证券交易相同的管理标准。2019 年暂时取消对交易性代币的监管和数字货币市场监管框架的拟定,是英国财政部、英格兰银行和金融行为管理局(FCA)发布《加密货币资产指引》文件中的规定。2021 年,为防控数字货币风险,FCA 建立了数字货币工作组。

与全球数字经济企业一样,欧盟也是通过一般数据保护条例(GDPR)进行管辖的。

(三)日本

日本积极鼓励数字货币的发展。日本金融服务局(FSA)全方位监管数字货币交易所,明确了数字货币交易商的运营规则,制定了数字货币交易商监管条例。日本国税厅(FAQ)探讨了数字货币的税收问题,为开展对数字货币的税收监管,发行了《虚拟货币的收益为其他所得》。

(四)中国

在数字货币监管政策方面,中国采取的措施非常严格。2013 年至 2017 年,我国明确指出代币发行是违法融资行为,应关闭国内所有数字货币交易平台,这是中国人民银行等五部委联合发布的《防范比特币风险的通知》和《关于防范代币发行融资风险的公告》等文件中的规定。2021 年 6 月以来,中国政府开始全方位制止比特币等虚拟货币的挖矿行为。中国人民银行在我国许多城市进行了多次数字人民币试点,包括成都、上海等城市。中国人民银行正在试点的数字货币项目被称为 DCEP(Digital Currency Electronic Payment,中国版法定数字货币)。

（五）其他国家

一些国家包括乌拉圭、俄罗斯等正在主动计划发行数字货币，但也有新西兰、巴西、瑞士中央银行等国家的中央银行表示不会再发行中央银行数字货币。

三、数字货币的国际治理

（一）G20 峰会机制

在 2018 年 3 月布宜诺斯艾利斯二十国集团财长和央行行长会议后召开的 G20 峰会把数字货币治理问题视作重点问题后，国际上对于数字货币关注度不断增加，G20 峰会通过专门议题讨论，倡导金融稳定委员会（FSB）和国际标准制订机构（SSBs）监控数字资产与相应风险，主张必要时需要评估多边应对措施。

（二）国际货币基金组织

探讨数字货币的四种可能应用场景与相应的宏观经济与监管政策的影响，是 IMF（International Monetary Fund，国际货币基金组织）于 2020 年 10 月发布报告《跨境支付数字货币：对宏观金融的影响》中的观点。为增强链上、链下和交易所的监管，此报告倡导各国政府利用监管科技来布置地下市场与合规市场。

（三）政府间国际组织

1. 反洗钱金融行动特别工作组（FATF）

2015 年，为避免虚拟货币被用于反恐融资和洗钱，国际组织制定了数字货币指导方针。反洗钱金融行动特别工作组（FATF）利用数字货币的"旅行规则"（Travel Rule）来减小数字货币成为金融犯罪工具的风险。

2. 巴塞尔银行监管委员会（BCBS）

银行机构参加数字货币交易的行为是遵循从事加密资产活动的银行制定跟踪加密资产、高水平的监管标准等政策来进行的。

3. 支付与市场基础设施委员会（CPMI）与国际证监会组织（IOSCO）

建立联合工作组，目的是密切监测数字货币在结算与清算方面的创新对金融市场基础设施方面的影响。

（四）其他国际组织

世界经济论坛（WEF）为使得数字货币发展空间更规范、数字货币更值得信赖与可靠，组建了数字货币治理联盟。

世界数字货币论坛（WDCF）区块链以数字货币治理为中心，为引领数字货币全球治理，提出了全球性宣言和提议。

2021年，在博鳌亚洲论坛（BFA）年会上专门建立了"数字货币与跨境支付"分论坛，探究数字货币对现行经济的影响并提出了相应治理方案。

第三节　数字税

一、数字税的内涵

自2016年以来，为处理不同国家间、税收间的矛盾与完善法律的空白，在全球范围内，掀起了一股数字税法的潮流。在传统方面，税收立法通常由不同国家的立法者根据税收主权首先制定国内法然后再进行国际协调，但数字税立法活动具有很强的程序特殊性。不同国家为完成国内的立法转化，会先尽力在经济合作与发展组织（OECD）和二十国集团（G20）的"税基侵蚀与利润转移"项目（简称为"BEPS项目"）中通过制定统一规则来形成多边税收协定。2021年10月，136个声明国承诺在2023年底之前参与"支柱一"方案中"金额A"规则的相关谈判，我国也在其中。同时，为保障不同国家若达成多边税收协定，具有统一的数字税国内法与国际法可以同时发挥作用，OECD/G20发布的《应对经济数字化税收挑战的双支柱措施声明》（以下简称"双支柱声明"）中表述了这样的观点。

需要注意的是，数字税到底是不是一种新的税种，国内外无论是学者抑或政府组织，尚未有统一的定论。一种观点是将数字税定性为新的税种，如2020年12月法国政府按计划向数字巨头"GAFA（谷歌、苹果、脸书、亚马逊）"开征数字服务税。法国政府认为，在数字经济中，用户创造价值理念是人所共知的，用户数据是平台的价值来源，不应是免费的，而一国政府代表用户利益向提供数字产品和数字服务的企业征税，合情合理。另外一种观点认为，数字税不应当是一种新的税种，如我国财政部原财政科学研究所所长贾康认为，应当对数字服务征税持审慎态度，在中国制造业进行数字化改造时，增值税的征收范围包括人员培训、企业购买的设备等内容，如果再征数字税，则将会引发重复征税问题。此外，还有一种观点认为，对数字经济进行课税依然按照各国既定的税收法律框架执行，只是对数字经济进行课税时所引发的包括税收管辖、税源分配、征收管理等内在行为确定法律依据即可，无须开征新的税种。例如，澳大利亚征收的服务与商品税为 10%，征税对象为非本地电子商务公司向消费者出售的低价值商品，阿拉伯联合酋长国、俄罗斯等国征收的数字经济增值税为 15%～20%，新西兰、日本等国对数字经济征收消费税。

可以看出，从狭义上来说，数字税可以理解为对数字服务供应商取得的数字服务收入征收的一种税。从广义上来说，包括三个方面：一是对电子商务行为征税，本质上是在国家主体内部的一种流转税；二是以跨国性质的互联网企业为研究对象，包括数字经济创造的价值在不同国家、不同地区间怎样分配的问题，本质上是一种所得税；三是向数字经济创造的营业收入征税，本质上是一种营业税。

二、征收数字税的理论依据

全球各国对数字税的征管虽然有争论，但高度统一的认知是立法征税势在必行。源于世界各大互联网企业——当然也包括越来越多的线上业务企业——搭乘数字信息时代的快车，使得各国税制功能受到侵蚀。从"无代表不纳税"[1]的赞同原则出发，数字经济发展的背后是国家宪法的支撑，自然也应当纳税。巨量不受监管的数字经济载体创造了庞大的价值，却难以以合理、公平的方式征收数字经济税收（甚至可能出现任何一个国家都无法对其征税的局面），这与税法的初衷是相悖的。综合来看，数字经济对如下原则存在强烈的侵蚀性：

（一）税法公平原则

税法公平可以区分为能力公平与受益公平，数字企业可能出现与传统企业完全不同的纳税路径。首先是能力公平，国家的税制设计要求所有企业创造了 1 单位的价值，就应当按照税法规则缴纳 1 单位的税收，但数字企业相对于其他经济

---

① 朱孔武. 征税权、纳税人权利与代议政治 [M]. 北京：中国政法大学出版社，2017.

形态而言，其先天性存在规避税负的特性。当能够制约数字经济纳税行为的税收制度缺失时，企业无论是使用正当的税收筹划抑或游走在灰色地带的避税，都能更容易获取较低的纳税成本。此外，"羊群效应"引发的大规模效仿会进一步侵蚀国家税基，导致税收公平失衡。其次是受益公平，受益公平要求纳税地与公共产品服务地相一致，即在何处享受公共服务就在何处缴纳税款，否则极易产生"搭便车"行为，造成地区间公共服务压力失衡。但这一要求在数字经济背景下变得更加难以界定与掌控，特别是在跨国间要素流动中，如何划定纳税义务与享受公共服务的权利变成了一个重要问题。

（二）税收效率原则

税收效率原则通过强调税收中性，要求征税满足市场资源配置效率。随着工业经济向数字经济转型给中国劳动力与就业市场带来了诸多变革和深远影响，数字技术给劳动者的择业自由度和就业自由度提供了更多的选择，冲破了原有劳动形式中空间和时间对劳动者的壁垒，由此提高了劳动力的资源配置效率。但需要注意的是，越来越多的数字企业将企业注册地与业务发生地划分开来，注册地偏向于海外"税收洼地"，业务发生地往往发生在消费活跃地区。原因在于数字技术的发展降低了远程交易的成本，使得企业跨进了合法逃税的门槛。企业在享受"税收洼地"财政收益的同时，也导致了业务开展下去的就业损害与经济"失血"。在特定条件下，要素流动和区域贸易也会由此扭曲。这种税收"套利"的方式只有在注册地辖区未对远程征税或只征收少量税时，才能让数字企业获得丰厚收益。包括中国在内的很多国家，这类交易在世界范围内飞速发展的核心原因是没有对个人境外购买的低价值商品征税。在此过程中，更常见、后果更严重的情况是利润转移到"所得税洼地"。

（三）税法实质性课税原则

在征税的过程中，只考虑有关形式与外观是不够的，还需要依据客观事实确定是否满足课税要件要求，同时，根据纳税人的实际负担能力确定纳税人的税负，这是税法实质性原则的要求。这项原则较容易开展得益于传统经济下的实体存在线下交易、常设机构等和非远程（本地）交易的结合。此局面随着数字经济的发展而得到转变，线上的离岸供应商可以作为业务提供者，互联网的开放性很难定位消费者，且很难对离岸供应商起到有效的税收约束作用。以远程交易为例：目的地规则代表着由市场地辖区对应销售征税，非离岸供应商必须提供购买什么、用户是谁、何时购买、购买多少、在何处购买一系列有关信息，同时本地个人用户必须自觉申报纳税。如此一来，在数字流量带来劳动价值增值的同时，税务部门却无法对其进行征税，就会产生税收流失。税务部门如果要有效执行实质性课税原则，那么就需要掌握更多的信息与支付更高的成本，就数字经济的特性而言，这通常并非易事。

（四）税收成本原则

税收成本指的是因为征税而产生的经济支出，不包括纳税数额，包括纳税成本、征税成本与因税收活动影响经济行为而造成的额外成本。数字经济的发展除了使纳税成本变低以外，征税成本与负外部性都大幅上升。数字经济的技术特性决定了税务机关难以识别交易双方的纳税义务，加大了征管难度。同时，数字背景下实体营业机构的逐步消失，使税务稽查的难度也陡然上升。此外，传统的记账方式要求交易双方均有涉及的账簿、凭证，但数字经济的隐秘性使税务机关难以追踪参与双方的交易痕迹。这些问题均会使税务部门的征管、监管难度上升，虽然现阶段大多国家税务机关也都采用数字技术进行税务管理，但相比于传统商业，征收和监管的成本都急剧上升。由此导致的额外征税成本，最终会被全体一般纳税人所均摊，造成额外成本的增加，也不符合税收中性的原则。

三、数字税立法原理

经济立法包括数字税立法，各种经济立法为达成社会与经济的协调发展与良性运行目标，减少或消除有关差异，应通过降低交易成本让经济运行"更经济"，同时，应运用各种可实施的规制方式来应对实际存在的有害的或不合理的差异，也就是需要遵循规制性原理、差异性原理和经济性原理。同时还需要充分凸显税收立法方面的可税性原理。因此，数字税立法需要遵循以下四大原理：

（一）差异性原理

"经济"与"法律"差异是普遍存在的，而各国的税制特点会使得这样一种差异扩大化，加剧数字经济与税收制度的不匹配。在国际层面，应建立对应的数字税制，以应对因不同国家间数字经济发展具有的不同特点而对税收利益分配造成的直接影响；在国内层面，同样应通过建立数字税制调控数字企业和非数字企业间的差别征税问题。应根据数字立法来解决数字企业或信息能力较强的一方不断获得更多利益且导致有关利益分配失衡的问题，这是上述国家、企业间存在的分配能力与信息能力的不同导致的。数字经济领域的有关不同造成的不公平，需要对传统税法制度进行变革来解决。只有重新界定有关国家的税收收益权和管辖权，才可以利用税收结构的调整，实现税收利益的公平分配。这不但是数字税立法的重要内容与目标，而且是制度变革的动力所在。因此，为有效解决不合理的差异问题，让税收利益分配更公平，遵循差异性原理，数字税立法需要以数字经济领域的客观区别为基础，重新分配相关税权。

（二）经济性原理

无论何种税收制度，在开征之前都必须考虑税收中性这一重要问题，对数字经济征税同样如此，数字税立法应当有助于（最起码是无害的）促进整体经济的发展。为推动数字经济发展，让整体的经济运行效率更高，数字税法也需要有利于降低相关交易成本。与此有关，在进行数字税具体路径挑选时，应根据如何挑选更有利于推动数字经济甚至整体经济的发展，来确定在两种路径中"二选"其一，还是两条路径同时开展。遵循经济性原理，为推动经济发展应怎样在课税要素方面开展制度设计，应考虑解决哪些不合理的差异，这是在应对现行税法制度与数字经济发展层面的要求。与此同时，在立法路径挑选方面也应进行成本收益分析。为有利于说明或揭示怎样开展制度设计更科学，应从经济性原理的视角看待数字立法。

（三）规制性原理

在面对实际存在的差异时，为达到"更经济"的目标，需要采用规制手段进行相关的法律调整。消极的限制禁止和积极的鼓励促进是属于税法规制手段的两个方面。与此有关，税法制度的攫取性制度或包容性制度取决于"限禁型规范"与"鼓励型规范"各自所占比例，数字税立法应做到两类措施的合理组合。为推动数字经济甚至整体经济的发展，同时在更高层面上展现数字税立法的合法性，就必须建立具有包容性的税制。在纳税主体、征税对象等课税要素方面，数字税如同其他税法一般，需要对不同行业、不同类型企业进行分门别类，既满足政府税收需要，也兼顾重要行业发展，引领先发型企业保持创新力，为达成税收规制的目标，也应促进中小企业成长，助力数字经济产业的均衡健康发展。

（四）可税性原理

考虑包括满足可税性基本要求的各类因素是评定包括数字企业、数字经济等能否征税的标准。要想数字企业行为可能发展成法定应税行为，同时满足征税的基础条件，就必须让此行为具有收益性和盈利性的特点。为能够通过有效的税法规制方式，实现经济性的目标，数字税法既要满足可税性的要求，又要满足现实的差异性。所以，数字税法的可行性直接取决于可税性。国家征税应根据可税性原理以达成基本共识。对于数字经济发展来说，不管是专门数字税的征收，还是在目前税制下对有关税种的拓展，均应满足可税性的要求。因此，数字税立法应解决的基本问题包括深入研究数字经济时代基础要素的数字服务行为和数据是否需要征税等。

总的来说，以上四大原理具有很强的关联性，为更好地阐明数字税立法的可行性与必要性，应遵循可税性原理和差异性原理，而为有利于明确数字立法的合法性与合理性，应遵循规制性原理和经济性原理。

四、数字税立法路径

对于数字税及其立法，如前所述，众多观点大致可概括为两类。数字税就是由包括数字经济的许多税种组成的体系或与数字经济有关的各种税种的统称，这是第一种观点的看法。利用现行税法制度的改进匹配数字经济产业的发展被视作是此种观点依循的数字立法逻辑，此逻辑的立法方式是在现有税法框架下，升级或优化与数字经济相关的所得税、增值税等制度。把数字税视作一类全新的税种是第二类观点的看法。所谓数字税立法指的是融合数字经济的发展特点，对有关课程要素建立一套独立的税收制度，而非依靠现有的税收制度。北美洲与欧盟地区很早就提出了数字经济发展和立法的思想，也很早就提出了预提所得税、数字服务税等设想，一些国家（如法国）已进行了实践。以以上对数字税的两种理解为基础，能够提出数字税立法的两条途径：一是制定专门的数字税法，二是在现行税法框架下的制度优化。针对以上两类立法途径，OECD 均有关注，一方面把征收数字税视作过渡性方法，另一方面注重对现有增值税、所得税等制度的提升和优化。不管支持以上哪种立法路径，在国内税收立法方面，为达成在立法技术、立法战略等方面的基本共识，都应从基本原则、原理和价值等视角，明确立法的合理性与合法性、可行性与必要性。

第六章　数字金融

2022 年 1 月 26 日，银保监会（现改名为金融监督管理总局）发布《关于银行业保险业数字化转型的指导意见》，其中提出："以数字化转型推动银行业保险业高质量发展，构建适应现代经济发展的数字金融新格局，不断提高金融服务实体经济的能力和水平，有效防范化解金融风险。"[①]《关于银行业保险业数字化转型的指导意见》虽然没有给出数字金融的定义，但从其描述来看，数字金融是指金融机构通过数字化转型，提升服务水平的一系列金融活动。从本质上看，数字金融是一种在数字技术的支撑下产生的金融创新。本章主要介绍数字金融的相关内容，从四个方面展开叙述，分别是数字金融的概念与价值、金融与数字化的融合、数字支付以及数字金融的风险与监管。

第一节　数字金融的概念与价值

一、数字金融的概念

国外学者一般称数字金融为"电子金融"（Electronic Finance，E-Finance）或网络金融（Inter Finance）。但不同的学者从不同角度作出相应解释，观点众多，其中：

联合国贸易和发展会议在 2001 年将 E-Finance 定义为通过互联网传送的金融服务，包括零售与批发、前台与后台、信息与交易等若干要素。

有的学者认为，电子金融通过电子信息交互计算系统，提供金融服务和金融市场，E-Finance 活动包括在互联网空间发生的所有类型金融活动，如网上银行、电了证券交易、各种金融产品、服务的提供和传输。

---

① 本刊讯.《关于银行业保险业数字化转型的指导意见》全文发布 [J]. 金融电子化，2022（2）：94.

有的学者将 E-Finance 定义为，通过电子途径所进行的所有与金融活动有关的信息的收集、处理、检索、传输以及产品与服务的传送、买卖等行为。

上述关于电子的金融概念，主要围绕交易终端的电子化而进行的金融交易模式，缺乏对数据信息的主动应用，对大数据、云计算、人工智能在金融中的应用创新关注不够，相较于数字金融还有较大差异。

在国内，2012年之前，学者一般将金融服务的网络化应用称为"网络金融"或"网上金融"。直到2012年，"互联网金融"（Internet Finance）的概念才被正式提出，主要是指互联网平台的各种新型金融业态。互联网金融概念逐渐被许多学者所接受，但是至今仍有争议。一部分学者将"互联网金融"界定为一种"新金融模式"，另一部分学者认为其仅是金融服务形式的升级。第一类观点的不足是没有分清金融产业革命和技术工具升级的不同，也人为地排除了传统金融的互联网化；第二类观点的不足是忽略了互联网金融对金融产业内部结构的动摇与去旧存新、优胜劣汰的作用。继而逐渐形成的共识是：虽然互联网金融的创新浪潮仍未产生新的金融工具、金融功能或金融市场，但是，目前已经超出了服务升级、技术创新的层面，引入新的要素组合，与传统金融存在优势互补，能够进一步完善我国金融服务体系。此外，互联网金融也存在产生新的金融风险的可能，需要政府加强监管和引导，规范健康发展。伴随着我国提出数字经济战略，以及商业银行、保险、信托等金融机构加速发展业务，原有的互联网金融已经不足以覆盖新业态的发展，所以，学者们又提出数字金融概念。这一概念围绕数字信息发展，包括了各种金融形式的新业态、新技术。

二、数字金融的价值

在数字化时代，数据是核心生产要素，数据信息积累最多的行业是金融业，数字金融不但能有效地促进区域经济的提升，而且能支持数字经济发展、加速资金流通，可以拓展大金融服务范围，使得包括"三农"、基础设施等经济发展在内的薄弱环节与核心领域获得更多的金融资源，这些都得益于数字金融的一些显著特征，包括靶向性、普惠性等。

（一）数字金融能够支持经济增长

数字金融可以通过提高资金配置效率来为实体经济发展提供金融动力。整个经济社会的经济增长质量和运行效率取决于传统金融资源的配置效率。传统金融"嫌贫爱富"的天性会对长尾客户形成金融排斥，为减缓信贷市场的市场失灵问题，数字金融可以通过融合企业的现金流、信息流等信贷特点，以此实现对风险定价和分析的定量分析。一方面，经济增长的提高，经济产出的增加，都得益于以云计算、大数据等数字技术为基础的数字金融，好处是能够降低风险、搜寻、运营和人力成本，加速金融业数字化转型速度，完善信贷业务流程；另一方面，为提高普惠金融的覆盖率，为更大范围市场主体的生产经营活动注入金融活力，让不在传统金融机构范围内的市场主体可以更便利地获取金融服务，这就需要通过数字技术降低金融服务的门槛。

数字金融可以为经济高质量发展提供动力，有利于提高科技创新水平。数字金融作为生产活动的核心要素，可以推动产业、金融、科技的良性循环发展。创新是一个地区与国家经济高质量发展的关键驱动要素。在微观方面，企业的科技创新活动和传统金融机构的风险偏好匹配程度不高，因为企业科技创新活动具有沉没成本高、投资规模大等特点，所以传统金融机构能够应用数字科技方式去掉"信息烟囱"和"数据壁垒"，同时为实体企业的科技研发、基础研究等活动提供相应的融资支持。在中观方面，产业链现代化和产业基础高级化需要金融机构提供长期大额利息的资金支持。为激活产业数字化和数字产业融合发展的耦合效应，应整合价值链、产业链等上下游数据，打造信息和资金闭环。在宏观方面，数字金融为推动区域经济创新驱动发展，应最大程度促进创新、数字等要素向生产效率高的科技产业聚集，同时发挥价值发现功能。

数字金融能够促进资金的优化配置，由此为经济协调发展提供保障。我国城乡间、区域间的金融资源配置具有异质性差异，长久以来，金融资源的分配不均衡会增加经济发展的"马太效应"的发展速度。数字金融能够促进经济的包容性增长和资金的公平配置，通常是通过缩小群体间、区域间的"数字鸿沟"的方式，为有利于推动区域协调发展和全国统一的金融大市场的建立，移动互联支付等数字金融能够以真实有效的信息为基础开展跨时期、跨主体、跨区域的资金配置，缩短区域间金融服务的可得性差距，引导金融机构把东部地区富裕的金融资源配置到中西部地区急需资金支持的项目中去。

（二）数字金融能够防范风险

数字金融一般来说就是 DeFi（去中心化金融，Decentralized Finance），"去中心化"主要针对技术体系本身而言，而在体系之外，仍然需要加强监管。但是，我们需要转变观念的是，风险防范不能仅靠人为，还要靠"无为，无不为"，即充分意识到数字金融的风险防范可以依靠科技手段，在相关科技提供技术保障的前提下，数字金融的风险防范已经实现了重要转归。我们注意到，数字金融作为高科技金融，预言机已经受到关注。预言机的作用，体现在对于外部输入数据与区块链内部智能合约之间进行把关，从而保障链上数据的真实性。区块链技术，包括人工智能、量子计算以及预言机等技术手段，在安全防护上，也是需要不断更新、完善的。

从宏观上，我们看到，美国在 2008 年经济危机之后，通过进一步加大发行美元转嫁危机，加剧了经济动荡和贫富差距。美元泡沫、房地产泡沫、债务泡沫等，都在酝酿更大的风险和危机。而数字货币改变了市场、银行和货币政策，是三百多年来最大的一次货币大改革。国际货币体系需要多元化再平衡，数字金融的出现是一条新的赛道，是技术理性和大数据发挥作用，这有利于货币供应与市场的衔接，有利于金融"血液"流动的合理、适度和稳定，将有力促进市场经济体系和经济生态的文明升级。

（三）数字金融能够起到激励作用

金融本来是应该发挥激励功能的，但由于种种原因，尤其是金融异化，使金融的激励功能被遮掩、弱化，甚至扭曲。数字金融，由于在区块链平台上主体平等，对于微观经济主体的转型升级、创新发展都能够起到激励作用。同时，数字金融将在很大程度上实现"消费者也是投资者"的目标，这是一项非常重要的变革——从"按资分配"，向按资分配、按劳分配、按贡献分配转化，亦即向多元分配转化。这里，我们必须承认从机构到个人购买行为的贡献，甚至承认人们日常消费行为的贡献。因为所有产生数据的行为都在作出贡献，而数字金融则以数据记载来认可，以数据资产化的通证技术来保障，并通过交易流转而实现价值分配。这样的激励不仅是一种分配机制的进步，更是生产关系的改善，也是社会实现"对等的平等"的重要的文明进步。在这里，数字金融的激励作用是双向的：

当消费者是投资者的时候，供给侧获得新的金融动力；当消费者是分配对象的时候，将有力拉动市场需求，扩大内需。

（四）数字金融可以实时内嵌于生产与生活中

大数据和原来的统计数据是不一样的，大数据具有动态和实时反馈特性，是内嵌于日常生产和生活中的。对人或者机构的行为实时刻画和互动，在一定程度上参与人的认知和行为过程，反射理论就会发生作用。认知改变行为，从而改变结果，最后使得经济系统或者金融系统快速转化成复杂系统。这一方面可以将金融功能隐藏在场景之中，提高金融应用的自主性和便利性；另一方面，可以将传统熟人社会的风险管理模式，在陌生人的现代社会中进行实现。

第二节　金融与数字化的融合

数字金融的发展得益于商业信息化的发展。随着现代商业迅速发展，以及互联网技术的进步，厂商和居民都期望解决产业链和供应链的信息不对称性问题，所以，互联网化首先在商业领域获得广泛推广，有效提升支付等金融服务功能也相伴而生。金融作为商业贸易的纽带，有效地促进了产品流通、资金融通，加速了产业的快速发展，推进了产品交易效率，也是产业链和供应链的关键要素。所以，伴随着科技金融的技术进步、供给侧和需求侧的金融服务要求下，金融与互联网逐渐融合。但是，这个融合过程并非一帆风顺，整个过程都存在不可避免的问题，从而造成传统金融与数字金融的冲突和替代，也由此引起新的金融风险和问题，不过总体趋势应该是，实现金融与数字化的有机结合，传统金融与数字金融优势互补、趋向协同，逐渐形成服务边界明晰，职能互促的市场形态。

一、金融机构数字化

（一）金融机构数字化的内涵

金融数字化一般是指商业银行、非银行金融机构和非金融机构借助互联网、移动技术、大数据、人工智能等技术将线下业务线上化、将人工服务智能化和集约化，并且开展新型金融业务的形式。其本质并没有改变金融的功能，但是，在金融服务形式、服务方式上发生了质的变化。

专门从事货币信用活动的中介组织被称为金融机构，按功能与地位可划分为：其一，包括美联储、中国人民银行等在内的中央银行。其二，包含商业银行和政策性银行的中介服务银行。政策性银行指的是由政府创建的，在某一领域以落实政府的经济政策为目标，而非以营利为目标开展金融业务的专业性金融机构，如中国进出口银行、中国农业发展银行等。商业银行主要从事借贷、中间业务的金融中介，如中国工商银行、中国建设银行、中国银行、中国农业银行等。还有地方政府创办的商业银行，如深圳发展银行、广东发展银行、兴业银行、上海浦东发展银行，以及企业开办的招商银行、中信银行、中国光大银行、华夏银行等。其三，非银行金融机构，如保险公司、信用合作社、邮政储蓄、财务公司、证券公司、信托公司、企业财团财务公司、金融租赁公司、货币经纪公司等；具体又分为存款型金融机构和非存款型金融机构。其中，存款型金融机构包括存续信贷协会、储蓄互助银行、信用合作社。保险公司、金融公司等均属于非存款型金融机构。其四，在境内开办的外资、侨资、中外合资金融机构。

非金融机构指的是以证券、融资租赁、私募基金等机构与财务公司等为代表的不开展银行一般业务的金融机构，通常没有创造信用的功能，主要开展规定范围内的业务和提供专门的金融服务，不包括金融机构。

金融服务互动式突破和"互联网＋"的技术创新金融机构在金融业务互联网化的影响下，慢慢发展为越来越成熟的消费行业。金融业务的互联网化消费市场的崛起是必然趋势，这是因为金融业务的互联网化是以精英化、高端化为基础的传统金融服务行业，慢慢拓展出服务更加综合便捷、门槛更低、层次更高的数字金融。

（二）金融机构数字化的模式——以银行为例

传统金融的互联网化主要表现为运营模式的数字化和金融工具的数字化。就运营模式而言，传统金融包括中央银行、银保监会、证监会等监管机构，商业银行（或称为金融中介机构）、保险、证券、信托、证券、融资租赁、邮政储蓄、信用合作社等机构。

传统金融机构的数字化早于数字经济平台的金融化，较早的形式有银行卡支付、电子转账、证券交易系统等。目前，传统金融机构的互联网化主要包括银行、证券、保险和信托的互联网化。下面仅就银行的数字化展开介绍：

1. 银行数字化的发展

早期学术界将商业银行开展的数字化业务称为商业银行业务的网络化。但是银行的网络化有两种含义：一是金融机构通过互联网开展线上业务；二是银行的各种运营网络，如内部管理网络、社会服务网络等。本书的内容主要指前者，但也包括了其他数字技术。为了将商业银行的互联网业务与其内部运营网络加以区分，一般将商业银行业务在线上开展的数字化经营方式，称为金融数字化。商业银行数字化一般是指商业银行借助互联网、物联网、电子通信和移动通信技术，利用大数据、云计算等方式的互联网为客户提供投资理财、货币互换、电子信用、转汇、支付等全面、高效、快速和安全的数字金融服务。

在银行业、通信信息技术、互联网的飞速发展以及通信信息技术广泛应用于金融范畴的形势下，数字银行伴随而生。商业银行通过数字技术提供包括传统银行业务和信息技术应用带来的新兴业务，突破了时间、空间限制，使得人们感受到了前所未有的金融消费的多样性。

20 世纪末期，随着计算机的发展及应用，商业银行的经营方式出现了网络化的趋势。第一家网上银行——美国安全第一网上银行问世。中国银行于 1996 年开始筹建自己的网上银行，创立了独具特色的网站。随后，我国各大商业银行纷纷效仿推出自己的网上银行业务及服务。

随着电子商务、数字金融及网络经济的走强，网上银行交易量出现平稳增长。与此同时，随着用户规模的扩大，用户量级的快速增长以及移动支付的迅猛发展，使得手机银行有了更多的使用机会。相比网上银行，手机银行存在一定的优势，这种优势表现在便于携带、可以方便获得用户所处的地理位置、便于分析用户的行为等。

数字银行基本覆盖了商业银行的绝大部分业务，但是，一些关键性涉及客户安全的业务还需要柜台办理，如开户、开通网银、变更用户信息等。因此，网上银行并不能全部替代银行业务。

与此同时，商业银行通过技术升级，投入大量智能化终端设备，建立了智能投顾系统，有效提高了柜台服务的效率，节省了人力成本，由此可能出现无人银行。

目前，许多国家也正在研发数字货币支付系统来取代传统的现金支付。但是，金融的数字化远不止于此，至少在可预见的未来，金融的互联网化还应该包括生物科学技术的考量，如穿戴设备和芯片植入技术在金融领域的广泛应用。

2. 银行数字化的类型

（1）按经营组织形式分类

①纯网上银行，提供在线服务的独立银行，没有物理柜台，如美国第一安全银行分支机构网上银行。②银行网上业务，如中国开展网络业务的银行。

（2）按业务分类

①电子银行的网上查询、转账、缴费、信用卡、公积金、网上支付、外汇、证券交易等业务。②各种商业银行的互联网理财，如中银活期宝、兴业银行掌柜钱包、民生银行如意宝。③电商平台，如网上商城（如建行善融商务、交行农博汇、农行 E 商管家、工行融 e 购），信用卡商城（招商、民生、中信银行的线上信用卡商城）。④网贷平台，如平安银行"陆金所"、国开行"开鑫贷"、民生银行"民生易贷"等。

二、数字经济平台的金融化

数字经济平台的金融化主要是指数字经济平台借助数字技术从事金融服务的模式，一般包括网络自主经营模式、通信运营商经营模式、平台中介服务模式等。数字平台的金融化最初是为了解决平台内部会员的支付问题而产生的内部循环支付系统，具有支付平台内外的排他性、支付单向性等特征。随着电商平台的崛起，数字经济平台开始通过与商业银行展开合作，逐步把商业银行的支付业务发展为第三方支付业务，随后又将业务拓展至融资、结算、清算、理财功能的金融形式，包括第三方支付、众筹、小额信贷、智能投顾等。整个发展是经历由内循环到外循环，由单一功能到综合型功能的过程。

（一）数字金融平台的产生

数字平台正逐渐成为经济社会的基础设施和企业商业模式的基石，对金融领域也产生了深远影响，从而推动了数字金融平台的大量涌现。数字金融平台包括自建平台和加入第三方平台。数字金融平台产生于资本市场多层次化发展的需求。除了在股票、债券、衍生品、大宗商品等主流交易场所之外，还有大量的金融产品因为条款标准化程度、风险收益特征、信息披露等方面的原因，适合不同个人、机构的差异化融资和风险管理需求，适应于不同的托管、交易和清算机制，也适合具有不同风险识别和承受能力的投资者，由此出现各种通过互联网进行金融交易的平台。

（二）数字金融平台分类

根据不同的划分标准，数字金融可以划分为不同的类型。按服务内容类型划分为：信息服务型、广告型、交易型、管理型、综合型。按业务类型划分为：第三方支付、数字借贷、众筹融资模式、手机银行、虚拟货币。按平台类型划分为：B2C、B2B、C2C、CPS、O2O、网上商城、运营平台等类型，其中，B2C 是企业面对个人的电商平台，B2C 平台仍然是很多企业选择网上销售平台的第一目标。B2B 是企业面对企业的电商平台。C2C 平台是客户对客户的形式。C2C 在前几年很流行，不过到了 2013 年趋势已大不如前。天猫从淘宝平台独立后，C2C 与 B2C 的差距就已逐渐拉开，B2C 将辉煌继续。CPS 平台又称为"供应商代发货"模式，即按销售付费，主流的 CPS 平台有领克特、亿起发等，是电商较主流的推广方式之一。O2O 平台即 Online To Offline（在线离线 / 线上到线下）模式，主要包括团购平台，如拉手网、大众点评、高朋、F 团等。网上商城主要是指在互联网开设综合性商场，如京东商城。除此之外，通信运营商的运营平台，如中国移动、中国联通、中国电信等运营商在现阶段都有属于自己的商城平台。

（三）数字金融平台经营产品类型

主要包括：第一，投资产品，如保险理财、股票型和债券型基金；第二，融资产品，如贷款；第三，风险保障型产品，如保险；第四，投资 + 支付复合型产品，如余额宝；第五，社交型产品，如微信红包；第六，数字货币等。

第三节　数字支付

一、数字支付的产生与发展

（一）数字支付的萌芽期

数字支付最早产生于互联网平台内部。在互联网诞生以前，就产生了电子支付、电话支付、电汇支付等支付方式。20 世纪 60 年代互联网诞生后，万维网逐渐获得广泛普及。20 世纪 90 年代，全球 IP 服务器数量超过 100 万，可视图文（Videotex）出现。在这一时期，人们借助互联网平台增进了交流，彼此之间获得了大量的共享信息，形成了新的社会交流结构。互联网平台为了实现自身服务价值，开始将各种有价值的信息服务变为有偿经济活动，开始提供网上交易活动，最初的交易要求用户提供同等相关信息来换取其他信息。后来，平台向银行提供账户，由使用者通过自身银行账户转账平台或其他用户的银行账户完成，但是，由于许多银行尚没有开通网银支付，所以，支付极不方便。

（二）数字支付的诞生期

这一时期主要是指 20 世纪 90 年代至 21 世纪初，信用卡支付与互联网结合，开始出现电子化符号货币，作为消费者、商家、信用卡网络之间交易中介的数字支付服务商开始出现，其角色类似于传统环境的 POS 服务商。现金支付在互联网上进行初步试验。

但是，这种通过银行转账的方式陆续加盟商业银行支付联盟协议，能够实现不同银行的资金的划转和结算，但是仍然极不方便，所以，人们期望在互联网上创造出一种完全不同于现金的支付方式，其价值可以通过互联网媒介产生流动性。随后，人们开始探索匿名电子现金、储值智能卡、无卡交易模式、电子虚拟货币等支付形式。这一时期的支付方式主要由互联网平台创造，许多支付是单向支付，支付相对封闭、流通性差且不可变现，主要流行于互联网论坛、游戏平台，交易产品主要是数字化的虚拟产品。与此同时，商业银行开始探索网银支付的方式。其中，1995 年，马克·吐温银行开始接受符号数字货币，网上银行业务出现初步增长。另外，各国政府与中央银行开始注意到数字货币的试验与扩散，也开始考虑数字货币与数字支付之间的法律问题。

（三）数字支付的发展期

21世纪至今，伴随着互联网技术的发展，网民数量迅速攀升，信用卡占据了网上支付的统治地位，互联网商业价值被数字经济平台进一步拓展和挖掘，移动通信技术快速发展，智能手机开始普及，移动通信网络资费下降，一些平台开始逐渐充当商品交易中介，一些经销商也纷纷开展电子商务，数字支付问题成为商业银行、互联网平台、经销商、消费者共同面临的最大障碍，如何有效解决数字支付成为各机构部门和个人数字交易中的关键性技术。最初，互联网平台通过与商业银行建立委托代理协议，搭建第三方支付的电子钱包，实现了互联网平台消费者与厂商支付结算问题。但是，这样支付的效率取决于互联网平台能够委托代理商业银行的规模、货币种类等内容，面临如何有效衔接网上支付与网下配送的问题。与此同时，支付安全、支取全球化问题也备受关注。比特币等数字货币的产生为世界各国提供了区块链技术，相关支付也产生了公钥和私钥等密码技术，由此为数字支付的全球化推广奠定了一定的发展基础。但是，比特币技术的去中心化特征加剧了货币创造风险，加大了政府对货币调节的困难，不利于政府发挥调节经济的作用，而且，近些年发生的比特币被黑客攻击事件，也表明区块链技术并非无懈可击。于是，世界各国开始研制主权数字货币。但是，这项工作富有挑战性，其中就有如何保证数字货币的防伪、支付安全问题，以及如何实现线上与线下相结合的支付功能、完善自身支付的适应场景等问题。

二、数字支付内涵

数字支付是商业现金支付行为，支付方式借助互联网平台或者金融机构平台，通过互联网技术或者射频技术实现银行账户现金虚拟支付以及数字货币线上与线下支付的行为过程。数字支付的参与主体主要包括商业银行、支付平台、储户、厂商等。数字支付是相对于现金支付的一种数字化支付方式。伴随着互联网技术进步、通信技术改进、大数据、云空间、机器学习等技术的发展，数字支付已经成为支付结算体系中不可或缺的一部分。尤其是主权国家数字货币的诞生，将会有效替代现金货币支付。数字支付优点在于：将各种线下支付以及客户在不同金融机构的开设的账户集中于一个平台，极大地提升了支付的便利性，降低了客户支付与结算的机会成本、支付成本、时间成本、空间成本，为此受到消费者与商家的广泛欢迎。

数字支付是一种互联网络和通信技术进行的数字化货币与依托现金账户的虚拟化交易形式。按照具体支付方式，数字支付的主要形式有：网上银行支付、第三方支付、移动支付、数字货币支付等。按照交易渠道划分，数字支付分为 PC 端支付和移动端支付，或者称为有线网络支付和无线网络支付。按照支付的技术手段划分，数字支付分为远程支付与近场支付等。根据支付载体，数字支付可以分为线上支付和线下数字货币支付。

当支付遇到互联网时，一场支付革命就不可避免。传统的现金支付"退居二线"正在成为现实，但同时，谁能给用户带来更好的体验，谁就能成为最赚钱的平台，谁也将走得更快更远。更重要的是，在现有的政治制度下，无论哪一种支付方式，都不能脱离国家监管而存在。

三、数字支付的类型

数字支付发展至今，已经形成种类丰富的支付形式。数字支付根据不同的划分标准，具体可以分为不同的类型：

按支付方式分类，可以分为：①网络银行直接支付，直接通过商业银行的互联网平台实现支付，如中国银行、招商银行、建设银行、中信银行等商业银行的网银支付，还有云闪付等。②第三方辅助支付，亦称为第二方支付。商业银行通过互联网实现联合的增值业务与银行卡网上支付业务，包括企业公对私资金代付、网上跨行转账、企业 B2B 账户支付等，如云闪付、银联支付（China Pay）等。③第三方支付平台委托代理支付，指的是提供商利用信息、通信和计算机安全技术，在消费者、商业银行和商家间建立联系，由此实现商家、消费者与金融机构间资金清算、货币支付、现金流转、查询统计的一个平台，如支付宝、财付通、PayPal 等。

按支付工具分类，可以分为：①信用卡支付。②数字货币支付，如主权数字货币支付。③智能卡支付，如公交 IC 卡、校园卡、员工卡、预付卡支付等。④虚拟货币支付，如 Q 币、U 币、比特币、狗币、莱特币、火币支付等。⑤网银支付，也称为虚拟银行柜台支付，主要是通过商业银行的网页或移动 App 完成的支付。⑥电子汇票系统支付。⑦射频卡近场支付，主要通过红外线等射频技术。⑧手机卡支付等。⑨有线电视网络支付等。

按支付终端分类，可以分为移动支付、电脑支付、互联网电视支付、人脑信息波支付、电话支付、pos 机支付等。

根据中国人民银行的划分，数字支付包括第三方支付和移动支付。

根据支付属性，可分为个人之间的支付（C2C），如相互借款、馈赠、商品交易支付等；个人对商业部门的支付（C2B），如生活性缴费、商品交易支付等；商业部门之间的支付（B2B），如货款结算；商业部门对个人的支付（B2C），如退款、赔偿等；政府部门等组织机构的支付（G2C\G2B），如财政补贴、政府救助支付，向政府部门的缴费支付（C2G\B2G）如，税费缴纳、政府罚款等。

按照支付载体，可分为线上支付和线下数字货币支付。前者就是互联网支付，后者就是线下支付。线下支付，如主权人民币正在研发的线下碰一碰支付，它是一种真实存在的数字货币支付，还有如以前的 U 盘支付、移动光盘或软盘支付，这是依托银行账户现金存款的虚拟支付。

第四节　数字金融的风险与监管

一、数字金融的风险

数字金融的风险特点并非数字金融独有的，而是被新的金融运转模式放大的。

（一）制度风险

数字金融还是一个新生事物，有关政策尚不够健全，相关法律法规体系也不够完善。在政府相关法规中，没有明确的针对网上交易权利与义务的规定，网上交易既缺少法律法规的调控，又缺少相关的试行与管理条例。

（二）流动性风险

流动性风险指的是因为资金周转问题而造成的破产的可能性。很多数字金融企业有良好的资金周转周期且资金充足，从而能够靠自有资金为客户提供借贷服务。相较于传统金融，数字金融拥有的快速聚集资金的能力伴随着更大的流动性风险，一些数字货币的出现加剧了货币创造功能，扩大了货币乘数和倍数效应，但脱离了中央金融机构的监控，在一定程度上加剧了整个金融体系的系统性风险。

（三）信用风险

因为数字金融对客户信息掌握并不完整，数字金融贷款公司不能如商业银行一样获得所有人的征信，所以存在较大信用风险。这类风险又包括三种：

首先，在金融业务中，支付、交易的双方能够彼此不见面，只靠网络发生联系，得益于数字金融服务方式的虚拟性。

其次，预期收益相对高是网络平台上发售基金的特点，在各种不利经济环境条件下，如果房地产泡沫破灭、经济出现大幅度下跌，则一定会造成信用违约现象的出现，包括影子银行体系风险慢慢显现、全球经济增长低迷等问题。

最后，金融素养风险。金融素养通常指的是个体对于金融知识与概念的掌握。个体为获得一生的金融收益而拥有的有效地管理金融资产的能力和知识被称作金融素养，这是美国金融素养与教育委员会提出的观点。金融素养高能够提高个体金融决策的科学性，增加投资的安全性。金融素养不高的家庭出现错误投资的概率较大。数字金融消费主体多为无经验投资者，更容易引发道德风险或信用风险。

（四）技术风险

互联网技术本身还存在诸多缺陷，如容易受到技术瓶颈制约，也容易遭受黑客攻击、计算机病毒感染等威胁。电子信息系统的管理性和技术性安全发展为数字金融运行的最核心的技术风险，这是因为大量风险控制工作与数字金融业务都是通过软件系统和计算机程序来完成的。

（五）系统性金融风险

首先，数字金融与实体经济之间存在密不可分的关系，而且相互作用。国民经济发展使市场主体通过数字金融进行融资时能够得到的收益受到影响，经济顺周期性波动能够提升，是因为数字金融的发展在很大程度上促进了实体经济的发展。其次，系统性风险的增加是因为数字金融市场上存在投资情绪、信息不对称等因素，同时也会造成跟风引起的过度羊群效应出现。

（六）金融错配风险

金融配置的不合理性，也就是金融错配，指的是金融资源无法根据效率原则配置到实体经济的有效产出中，而是配置到高风险行业和低效率部分，因此造成金融资源配置的错配。数字金融导致的金融错配风险通常包括：其一，金融本身利用数字金融路径实现金融资源的"体内循环"；其二，实体经济利用数字金融实现金融资源的"脱实入虚"。

（七）风险容忍风险

投资决策在某种程度上与风险容忍存在联系。风险容忍指的是个体进行金融决策时所愿意接受的不确定性的最大程度。人们在面对收益时，会偏向于规避风险，这时的风险容忍水平很低，是前景理论中的观点；在面对损失时，则偏向于风险喜好，这时的风险容忍水平很高。个体的风险容忍对投资决策具有明显的影响。

（八）风险感知风险

人们通常把直觉判断和对风险的态度定义为风险感知。投资者的风险行为在金融范畴表现为对风险感知水平很高。个体的风险感知与积极的投资决策间表现为负相关关联。

（九）业务操作风险

支付端资金缺乏流动性是因为操作者容易在操作方面出现失误和对数字技术不熟悉。同时，因交易安全得不到保障而出现的问题往往是由于数字金融平台的程序设计不合理。这一风险主要来自两个方面，分别是客户自身和平台。

（十）信息泄露风险

数字金融发展到现在，用户信息安全问题已发展成一个最核心的问题。因此，当前数字金融领域发展需要解决的最大挑战就是个人信息安全如何保障的问题。

二、数字金融的监管

随着数字金融的不断发展，风险也相应显现，对数字金融进行监管的提议为数字金融的监管实施增加了不小的困难。宏观金融体系的稳定与微观企业的金融创新均是数字金融监管需要考虑的。对于数字金融监管的政策目标包括：全球公共政策与投资者、竞争、消费者和安全与稳健保护。2014年到2018年，数字金融相关内容连续五年被写入我国《政府工作报告》，从2014年首次提到"促进数字金融发展"到2016年的"规范发展"，再到2017年的"高度警惕数字金融风险"，直到2018年的"健全数字金融监管"都在强调对数字金融的重视。

根据《银行业监督管理法》《商业银行法》《证券法》《保险法》，我国目前金融业监管模式采取的是分业的机构性监管。市场与监管运营不匹配度的增加是由金融创新的持续推动，数字技术与金融业高度结合后，引发了强烈的监管协调性的问题。为此，我国正在着手健全对数字金融的监管制度。

（一）数字金融监管的特点

我国监管特点表现为：

1. 机构性监管向功能性监管变化

功能性监管指的是为可以有效解决混业经营趋势下金融产品的监管归属问题，应注重金融产品所实现的基本功能，同时，由此确定相应的监管规则和监管机构，依据金融体系基本功能而设计的监管。遵循功能性监管具有较高的适应性，是因为与当前数字金融产品相比，这类产品的创新表现出更常见的跨机构、跨市场现象，不过产品最后所具有的基本功能却拥有极强的稳定性。

2. 制度化监管向技术化监管转变

数字金融的核心竞争力在于科技创新，使金融服务实现跨领域、跨时空的交易，金融监管的单一化监管的有效性进一步降低，将实现从制度化向技术化转变。

3. 单一中心监管向多中心监管转变

当前，在我国"一行两会"的金融监管格局中，代表公权力的政府部门具有主要的监管职权，也就是体现出高度的单一性和行政性，这样的制度安排确保了金融监管的权威性。不过，单一中心监管格局伴随数字金融的发展与金融创新，面临着被市场发展淘汰的局面，需要更加协调、高效、多中心的监管格局。

（二）数字金融监管的制度基础

针对我国数字金融发展实际，我国相关部门先后出台了一系列相关制度。中国人民银行制定了《非金融机构支付服务管理办法》（中国人民银行令〔2010〕第2号）；国家金融监督管理总局、中国人民银行发布了《关于加强商业银行与第三方支付机构合作业务管理的通知》（银监发〔2014〕10号）；中国人民银行、工信部、国家金融监督管理总局、证监会、银保监会日前联合印发《关于防范比特币风险工作的通知》（银发〔2013〕289号），根据该通知，各银行和第三方支付机构关闭了15家境内比特币平台的所有交易账户；中国人民银行等十部委发布《关于促进互联网金融健康发展的指导意见》（银发〔2015〕221号）；国务院办公厅发布《互联网金融风险专项整治工作实施方案》（国办发〔2016〕21号）；证监会发布《关于对通过互联网开展股权融资活动的机构进行专项检查的通知》（证监发〔2015〕44号）；证监会等15部门印发《股权众筹风险专项整治工作实施方案》（证监发〔2016〕29号）；国家金融监督管理总局、工信部、公安部、网信办联合制定了《网络借贷信息中介机构业务活动管理暂行办法》（〔2016〕第1号）；国家金融监督管理总局办公厅印发了《网络借贷资金存管业务指引》（银监办发〔2017〕21号）。这些规章制度在一定程度上奠定了我国数字金融监管制度基础。法律体系建设被视作是数字金融正常运行的最终保障，今后互联网监管还需从多个方面增强建设，包括司法、立法和执法等多个方面。数字经济平台无序竞争和反垄断的要求均是在2020年市场监管总局起草的《关于平台经济领域的反垄断指南（征求意见稿）》中的规定。

2021年3月，我国《政府工作报告》重点指出应依法规范发展，且应提高国际竞争力和支持平台企业创新发展。一系列政策加强了对数字金融的风险监管，也促进了我国数字金融的健康发展。

第七章　数字贸易

2019 年 11 月，《中共中央、国务院关于推进贸易高质量发展的指导意见》正式提出要加快数字贸易发展，提升贸易数字化水平，推进文化、数字服务、中医药服务等领域特色服务出口基地建设。伴随着全球贸易数字化发展，人类社会正迈入以数字贸易为突出特征的第四次全球化浪潮，对全球供应链、产业链、价值链产生了巨大的影响，国家间经济分工、贸易利益分配面临巨大的挑战，新的国际规则、国际治理挑战正在到来。深入研究数字贸易发展规律对我国中长期经济增长、国家竞争力提升有着重大意义。

本章主要介绍数字贸易，从三个方面展开叙述，分别是数字贸易的兴起、数字贸易壁垒以及数字贸易规则。

第一节　数字贸易的兴起

随着第四次工业革命的推进，全球交易的数据量急剧增加，处理速度也大幅提升。现在，互联网和移动电话的普及已经蔓延到世界的各个角落，包括新兴国家，数字市场正在迅速扩大。网络空间不仅被认为是经济中不可或缺的领域，而且被认为是世界各国政治和安全等各方面不可或缺的领域。世界贸易的发展可以分为三个阶段：第一个阶段是传统贸易扩大阶段。随着运输成本的降低，企业可以逐步将产品运往边境消费区。在这个阶段，交易的物品主要针对最终产品，消费者可以轻松地以较低的价格获得新产品和更便宜的产品。第二个阶段是全球价值链贸易阶段。在这个阶段，企业通过缩减运输成本和各种可调整的成本，细分生产工艺，跨越产品边界，增加中间产品的贸易。全球价值链向包括新兴国家在内的世界各地发展。第三个阶段是数字贸易阶段。在这个阶段，企业与消费者以及企业与企业之间可以分享想法，传输数据，大幅降低信息沟通成本。随着数字贸易的扩展，世界的连接性得到了显著改善，这有助于创新商业模式，提高生产力。

作为一个商贸活动发展的新阶段，数字贸易概念的产生经历了较长的时间。由传统贸易和商务到电子商务，到跨境电子商务，再到现在的数字贸易，随着信息技术在商贸活动中应用的日渐深入，涌现出许多新的名词、新的概念，所描述事物的内涵特征也在不断演进升级。

传统商务和贸易主要是指以货币为媒介的所有行为或交换活动。此活动范畴既包括他人或商品生产者所组织的商品买卖活动，又包括商业所从事的商品交换活动；既包括国与国间的国际贸易，又包括国内贸易。传统商务和贸易是四个术语中范围最大的，从人们日常生活中的消费交易到企业间的跨境贸易均归属其中。

电子商务指的是利用信息技术开展移动支付、线上推广等商务贸易活动，也就是商务活动的网络化、电子化。跨境电子商务是指跨越国境开展的电子商务活动，是由于电子商务活动范围扩大而衍生出的概念。跨境电子商务指的是一类国际商业活动，也就是来自各国家的交易主体，利用电子商务方式把传统进出口贸易中的展示、洽谈和交易环节电子化，同时，利用异地仓储与跨境物流送达商品。在狭义层面，跨境电子商务概念专指跨境网络零售，指的是属于各关境的交易主体利用电子平台完成交易，进行跨境支付结算，利用跨境物流配送商品，达成交易的一种国际贸易新业态。在广义层面，跨境电子商务指的是属于不同关境的交易主体利用电子商务方式完成交易的跨境进口贸易活动。

数字贸易是由于信息技术对贸易影响的进一步深化所产生的概念，是电子商务的发展与延伸。相比以上两个概念，数字贸易更突显了数字化的贸易服务和产品，但国际上对数字贸易的讨论大部分仍以电子商务框架为前提进行。不同国家对数字贸易仍无一致认识。美国认为，数字贸易既包括各种平台与应用、让全球价值链成为可能的价值链、让智能制造成为可能的数字服务，又包括在线服务的供应和网上消费产品的销售。澳大利亚政府认为，数字贸易是包括数据、信息跨境流动的通过网络购买服务与商品的活动。经济合作与发展组织认为，数字贸易指的是物埋的和数字的传输，同时是数字技术对商品和服务贸易的赋能。

第二节　数字贸易壁垒

美国是数字经济发达的国家，对数字贸易壁垒的研究较为全面，其对数字贸易的研究细分到了国家和行业，并对各主要经济体相关的法律法规做了细致的梳理。为避免欧盟在数字经济时代边缘化，当前欧盟主要致力于解决欧盟内部"碎片化"的问题。欧盟考虑到保持欧盟企业的竞争力和发挥欧盟数字经济潜力的要求，所以，对外要求市场开放，对内要求建立单一市场、统一规则和重视消费者保护的规则。

国内介绍数字贸易壁垒的文献不多。比较有代表性的是对外经济贸易大学博士研究生伊万·沙拉法诺夫和其导师白树强发表在《国际贸易问题》上的一篇论文，文中将数字贸易壁垒分为关税壁垒和非关税壁垒，并提出数字保护主义政策会造成网络化的"巴尔干化"[1]，减少数字经济所带来的经济利益。在关税壁垒方面，欧盟的关税政治和制度比美国严苛，但并未对数字产品和服务征收关税，而东亚和太平洋地区的发展中国家由于自身在数字贸易上处于劣势，都主张对数字产品和服务征收关税。在非关税壁垒方面将其分为四类：其一，替代性本地政策；其二，外商直接投资限制；其三，跨境数据流、强制性的数据及信息技术基础设施本地化政策；其四，数据源代码和加密要求。根据数据、信息、管理和处理模式，其将数据禁止分为三类：一是重要的数据禁止流动；二是政府和公共部门的一般数据和相关行业技术数据有条件地限制跨境流动；三是普通的个人数据允许跨境流动，但应满足相关的管理要求。综合已有的这些研究，本书认为，构成数字贸易壁垒的措施主要有本地化要求、数据源代码和加密要求、审查、市场准入和最低豁免额以及限制信息自由流动等几方面。

一、本地化要求

要求企业在特定国境内从事数字贸易相关的活动时，应使用当地数据服务器、技术或投入，提供的产品和服务应有一定比例的本地内容，政府采购和技术标准也要有利于本国数字化企业。

---

[1] 伊万·沙拉法诺夫，白树强.WTO视角下数字产品贸易合作机制研究——基于数字贸易发展现状及壁垒研究 [J]. 国际贸易问题，2018（2）：149-163.

数据本地化要求，从广义上来讲，是限制数据在全球范围内流动，使数据留在本地的一种法律或政策。政府政策和立法主要分为两种做法：一种做法是禁止数据转移到领土之外；另一种做法是并不完全限制信息流动，但是，要求备份数据存储在本国领土范围之内。政府希望这些措施能够保护本国公民数据，或在执法时能随时获得相关数据。但对国外企业来说，数据本地化要求提高了信息全球流动的成本，而成本提高可能会打消一些企业在特定国家提供服务的意愿。

数据本地化措施会影响包括电子商务、互联网通信、云计算和物联网在内的所有行业，对中小企业尤其不利，而大企业受益于规模经济，常常能针对特定国家采取相应措施。对数据本地化作出规定的法律有 1995 年欧盟的《保护个人享有的与个人数据处理有关的权利以及个人数据自由流动的指令》，以及 2018 年 5 月生效的《通用数据保护条例》。另外，澳大利亚法律还禁止数字健康数据传到国外，印度尼西亚则要求企业建立数据中心。

二、数据源代码和加密要求

一些国家要求数字产品和服务提供商提供源代码，以保证产品和服务不对国家安全构成威胁。源代码作为最重要的知识产品和商业机密，公开后可能会出现失窃或盗版等风险，这可能会迫使供应商退出某些市场，或者提供较次的产品和服务。《跨太平洋伙伴关系协定》（Trans-Pacific Partnership Agreement, TPP）规定："任何一方都不能将强制转让或获得另一方的个人拥有的源代码，作为另一方在其领土之内进口、分销、销售和使用该软件，或者产品包含该软件的前提条件。"[1]但这个限制只适用于"大众软件或包含这类软件的产品"，并不适用于"关键基础设施"，对于什么是"关键基础设施"，并没有明确说明。中国目前对获取软件源代码的要求主要针对金融机构和金融部门的电子商务企业。

有些国家出于国家安全或网络安全的考虑，要求企业只能使用特定的加密算法或强迫使用本国的加密标准，企业很可能被迫使用过时的加密算法，这反而增加网络失窃和不安全的风险。

---

① 《跨太平洋伙伴关系协定》[J]. 中国战略新兴产业，2015（21）：27.

三、审查

网络审查是世界上很多国家普遍采取的措施之一，也被认为是数字贸易最主要的壁垒。一些国家出于维护公共秩序、保障国家安全、保护本国企业的需要，完全屏蔽或过滤某些内容和平台。在很多国际贸易协定中，对互联网进行审查是可以接受的，但规定了适用范围。例如，世界贸易组织的《服务贸易总协定》规定的为保护公共道德或维护公共秩序，保护人类、动物和植物的生命健康，或是为防止欺诈等内容，都属于可接受范围内。

四、市场准入和最低豁免额

许多规则和政策可能会影响数字贸易，最常见的是最低豁免额、对电子支付系统的限制，某些国家有专门的软硬件技术标准，这些都可能构成市场准入壁垒。

当出口价值低于某个额度时，不需要交关税，一旦超过某个设定值，出口商就必须交税。这个值就是最低豁免额。一旦涉及海关，程序就变得复杂。在全球跨境电子商务，尤其是 B2C 电子商务交易中，很大一部分为小额交易，如果最低豁免额过低，那么复杂的海关手续和文书工作必然给从事跨境电子商务的中小企业带来极大的负担。世界各国最低豁免额各不相同，从最高的 800 美元到最低的 5 美元不等。欧盟有两个豁免额，一个是 25 美元，超过此数值时需要缴增值税；另一个是 170 美元，超过此数值时需要缴增值税，也要缴关税。

对于电子支付系统，一些国家要求电子支付公司在其国内开展业务时需要获得银行牌照，有些规定还要求电子支付公司核实客户信息，以防止洗钱。这两项措施在保护消费者、打击金融犯罪方面都有其合理性，但是，由于申请银行牌照在各国都不是一件容易的事情，外国电子支付公司往往没有足够的能力收集用户信息以核实用户身份，这两项措施事实上也构成了一种壁垒。

五、限制信息自由流动

信息自由流动是美国在《跨太平洋伙伴关系协定》（TPP）、《跨大西洋贸易与投资伙伴关系协定》（TTIP）和《服务贸易协定》（TISA）中追求的目标之一。TPP 规定各方"应允许信息通过电子方式跨境流动，包括个人信息，当这种行动是为了受服务人开展商业活动时"。同时也规定，政府为了"保护个人信息等合法公共政策目标"，可以采取措施规范信息流，但要求这些措施"不对贸易构成任意的或不正当歧视或变相限制"，"对信息转移的限制不超过完成目标所需要的限度"。[①] 但信息流动条款不适用于金融机构。TPP 的这些规定淡化了数据的国界概念，强调信息和数据自由流动的全球性。在保障合法公共政策目标的前提下，强调信息和数据流动的自由性。

　　跨境信息流动对电子商务和数字贸易至关重要。随着物联网、人工智能、无人机驾驶汽车的发展，越来越多的生产商和消费者越来越依赖云服务，数据流动问题变得越来越重要。但是，在斯诺登事件之后，各国在注重经济利益的同时，也越来越强调数据保护和公民隐私，最普遍的做法是加强安全监管。政策设计目标，一方面应促进数据自由流动以鼓励数字贸易，另一方面也应当采取措施完成国家公共政策目标，如何权衡舍取需要政策制定者综合考量。

　　以上五方面是较为常见的数字贸易壁垒分类方法，随着互联网创新的不断发展，新的贸易形式的出现，会不断衍生出新的贸易壁垒。

第三节　数字贸易规则

　　互联网的快速发展和信息通信技术革命促成了数字贸易增长，跨境电子商务和服务在国际贸易中所占份额越来越大。尽管区域贸易协定逐渐纳入电子商务、跨境电子服务，以及与互联网有关的知识产权保护条例，但在多边层面仍然没有形成统一的共识。更多的双边或多边协定开始全面解决数字贸易问题，双边或多边数字贸易谈判中的条款可能有助于未来 WTO（世界贸易组织）形成统一的框架。

一、WTO 中的数字贸易规则

　　《全球电子商务宣言》是 WTO 框架下第一份有关电子商务的正式文件，于 1998 年 5 月在日内瓦第二次部长级会议上通过，各成员同意不对电子传输（electronic transmission）征收关税，这一措施一直持续到 2017 年内罗毕会议。这项宣言留下了一些悬而未决的问题，首先，"电子传输"没有一个清晰的定义，未指明它是电子商务媒介还是传输的内容。其次，如果它仅指电子商务媒介，那

---

① 《跨太平洋伙伴关系协定》[J]. 中国战略新兴产业，2015，（21）：27.

是否意味着通过传统媒介提供的数字产品需要征收关税。再次，宣言禁止征收关税，那么是否可以对数字产品征收其他费用。最后，禁止征收关税是否只适用于进口？基于这些疑问，WTO 总理事会同年对"电子商务"做了一个宽泛的定义——以电子方式生产、配送、营销、销售或交付的产品和服务，并将与电子商务有关的基础设施发展问题纳入工作范围中。由于电子商务涉及的领域太多，理事会将不同的问题划分给 WTO 不同的机构处理。服务贸易委员会专门审查在 GATS（General Agreement on Trade in Services，《关于贸易与服务的总协定》）框架下，电子商务的处理办法，如行业分类、通信网络、最惠国待遇和透明度原则，以及市场准入、国内监管、隐私保护及预防诈骗等。货物贸易委员会审查 GATT（《关税与贸易总协定》）中与电子商务有关的条款，包括关税问题，如分类、关税和市场准入，以及非关税问题，如原产地规则、海关估价进口许可证和标准。TRIPS（《与贸易有关的知识产权协定》）委员会审查与电子商务有关的知识产权问题，包括版权和商标的保护与执行。联合国贸易和发展委员会审查并报告电子商务发展的意义，将电子商务纳入发展中国家的经济、金融和发展需要当中。

（一）《服务贸易总协定》

从 1998 年《全球电子商务宣言》获得通过之后，WTO 成员对电子商务进行了多次讨论，但是，直到 2015 年的多哈回合贸易谈判，成员也未达成实质性的准则。由于缺乏国际准则，WTO 框架下对电子商务的监管主要依据 GATS 中的电信附件，GATS 成了电子商务最主要的国际准则。GATS 包含非歧视和透明度原则，适用于所有服务业。由于 GATS 是在 1995 年正式生效的，早于全球互联网爆发式增长之前，目前来看它的很多分类标准及涵盖对象已经不能反映电子商务的发展。在 WTO 的框架下，除了最惠国待遇之外，GATS 中的大部分规定仍适用于电子商务，成员将根据自身状况选择市场准入条件和国民待遇程度。总的来说，GATS 已经不适用于目前的电子商务发展，特别是分类、义务和例外等重要问题。

（二）《信息技术协定》

《信息技术协定》（ITA）是一个包含 54 个 WTO 成员的多边协定，于 1996 年正式通过，并于 2015 年进一步扩大。新扩大的 ITA 在原来的基础上对价值 1.3 万亿美元的 201 种 IT 产品免除关税，新增加的免关税的产品包括许多消费电子产品、新一代半导体和医疗设备。一些 ITA 原成员，如印度和越南，并没有加入 2015 年新扩大的 ITA。

二、美国的双边和多边协定

美国已经同 20 个国家（地区）签署了自由贸易协定（FTA）。其中包括多边贸易协定，如 NAFTA（美国、加拿大、墨西哥），CAFTA-DR（中美洲五国以及多米尼加）；也包括同韩国等 12 个国家签署的双边贸易协定。如上所述，WTO 的协定涉及数字贸易的极少，且进展极为缓慢，这是一些国家摆脱 WTO 限制，开展多边和双边协定谈判的重要原因。美国已经在多边和双边协定谈判中将数字贸易条款纳入进来，并且逐渐增加相应内容。

（一）美国自由贸易协定

自 2000 年美国与约旦签订 FTA 之后，美国就将电子商务写入了对外签订的多份 FTA 中。美国 FTA 中的数字贸易条款在很多方面都借用了 WTO 规则，包括非歧视原则（最惠国待遇和国民待遇规则）、透明原则和技术中立原则三种。在 FTA 中，美国对电子商务采用实用主义的方式，尽量避免将电子商务分类，因为一旦分类被确定为产品或服务，就要受到 GATS 或 GATT 的制约。

在电子商务关税问题上，美国重申了《全球电子商务宣言》中禁征关税的原则。任何一方都不能对数字产品的进口和出口征收关税或费用，不论它们是固定在一个载体媒介上，还是通过电子方式传输。这也就解决了《全球电子商务宣言》遗留的问题，明确说明了禁止原则既适用于关税，也适用于其他费用；既适用于出口，也适用于进口。它适用于数字产品本身，而不论其是通过传统媒介载运还是电子传输。

美国将电子商务看作驱动经济增长的重要推手，并强调消除电子商务贸易壁垒。在美国所有的 FTA 中，有关电子商务问题最为全面的是美韩 FTA，共有 9 篇，内容涵盖服务的电子供应、数字产品、电子认证、电子签名、线上消费者保护、无纸贸易、电子商务互联网连接、跨境信息流等方面。

（二）《跨太平洋伙伴关系协定》

TPP 中和数字贸易有关的条款为：

①禁止数据本地化要求和数据流限制，不包括政府采购与金融服务。

②禁止把转让或公开源代码当作市场准入条件。

③应规定各缔约方制定隐私法律框架，同时制定反垃圾信息法和线上消费者保护法。

④禁止转让技术，或获取产品有益信息时应用加密法进行加密。

⑤在惩处与商业秘密网络信息安全不相符的行为时，应明确知识产品执法规则。

⑥在电子商务合作方面，支持各方在消费者和隐私保护方面开展合作的同时，帮助中小企业。

⑦推进网络安全合作。

⑧确保跨境电子银行卡支付服务的开展。

⑨为移动服务提供商提供推动国际漫游费方面的合作。

（三）《服务贸易协定》

TISA 于 2013 年发起，包括 23 个 WTO 成员，谈判方贸易占世界服务贸易总量的 70%。谈判方既包括美国、欧盟国家、日本和澳大利亚等发达国家，也有哥伦比亚、秘鲁和巴基斯坦等发展中国家，但目前如巴西、中国和印度都未加入。TISA 独立于 WTO 框架之外，其谈判也不以最惠国待遇为基础，但是，所有 WTO 成员都可以申请加入。

TISA 的谈判范围广泛，包括自然人流动，透明制度，国内监管，金融业，电信业，电子商务，本地化、专业化服务，快递服务业，能源及矿业相关服务业，海运、陆运和空运服务业，直销，政府采购，出口补贴，投资本地化要求和国有企业等。虽然 TISA 没有达成最终协议，但数字贸易规则的制定与很多核心利益相关，在这之中包括互动操作性、解决跨境信息流动壁垒、线上消费者保护等内容，将来也可能归入网络安全国际合作规则、支持中小企业等问题。

（四）《跨大西洋贸易与投资伙伴关系协定》

TTIP 旨在减少或消除商品、服务、农产品贸易关税或壁垒。由于通过网络传输的服务占据美欧服务贸易的多数份额，因此数字贸易是谈判的重点。除了在数字产品市场准入、透明度机制外，TTIP 还有可能将数字贸易关税壁垒和非关税壁垄等问题纳入进来。还有一个重要议题是数字贸易治理，如促进信息跨境自由流动，解决数据存储及服务器本地化要求等问题。其他方面还包括强化知识产权和版权保护，这一措施有助于建立网络犯罪合作机制；源代码强制公开这一问题更有利于美国企业。

总体而言，贸易领域是美国早期的自由贸易协定所重视的范畴，美国努力在目前 WTO 框架中引入数字贸易，在这之中许多条款借鉴了 WTO 规则。美国在开展 TPP 谈判时，逐渐认识到数字贸易的独特性，在把数字贸易规则引进双边与多边自由贸易协定的同时，进行数字贸易规则的制定。与此同时，因为数字贸易发展迅速，政府当前的监管无法满足如谷歌等私人公司掌握的大量数据和信息进行处理的要求，私人公司实际上比政府更加强大，TPP 将监管的责任转交给私人公司。了解美国数字贸易的演进能告诉我们美国未来的政策方向，未来中国在 TISA、RCEP(《区域全面经济伙伴关系协定》)或者 FTA 中均可能遇到类似的问题。

三、欧洲单一数字市场战略

鉴于全球经济正迅速数字化，ICT 不再只是一个具体部门，而是所有现代创新经济体系的基础。欧盟于 2015 年提出了"欧洲单一数字市场战略"，通过建立一个互联互通的市场，保证商品、服务、人员和资本的自由流动，在公平竞争条件下，为消费者和个人数据提供高水平的保护，促进信息通信技术标准化，打破各国各自为政的监管条例，最终将 28 个成员形成一个单一数字市场。单一数字市场预计每年为欧盟贡献 4150 亿欧元，创造数十万个就业机会。

欧盟的单一数字市场建立在三大基础之上：一是接入，更好地接入欧盟范围内的数字产品和服务；二是环境，为数字网络和创新服务的繁荣发展创造一个公平竞争的条件和合适的环境；三是经济与社会，将数字经济的增长潜力最大化。

促进跨境电子商务发展是单一市场的主要目标之一。一套简单、相容的规则有利于增强消费者和企业的信心，促进欧盟内部跨境的线上与线下交易。为此，欧盟协调数字合同规则，减少各成员数字合同法的差异，同时强化消费者保护机构的跨国合作，提升消费者保护水平，简化增值税规则，去除不合理的地理限制，使得消费者和企业，尤其是中小企业，能够更容易地在线销售产品和服务。然而，欧洲的跨境快递费用最高达国内费用的 5 倍，高昂的快递费成为跨境电子商务的一大障碍。

在个人数据和隐私保护方面，欧盟于 2016 年通过了《通用数据保护条例》，并于 2018 年 5 月 25 日正式生效。此条例禁止限制个人数据在欧盟范围内自由流动，成员和产业界应以数据在欧盟范围内自由流动为指导原则，禁止数据本地化要求，禁止数据的存储和加工与特定领土挂钩（除少数情况外，如国家安全）。目前，此条例规定的数据流动主要指个人数据，不包括非个人数据。但是，由于非个人数据，如公共数据和公共资助的数据，是创新活动和科学研究的重要数据来源，欧盟委员会将对其进行评估，并对数据自由流动合作框架制定一项立法提案，探讨涉及公共利益的私人持有数据问题，并进一步对数据访问权限等新出现的问题进行评估。

在创建欧盟数字经济方面，由于工业是欧洲经济的关键支柱，欧洲制造业有 200 万家企业，并提供 3300 万个就业机会，欧盟委员会希望所有工业部门都融入新技术，并逐渐向智能工业系统转变，也就是工业 4.0。为了保持欧洲的竞争力，确保新技术的互操作性，欧盟委员会制定了"欧洲云"，为不同学科跨境存储、共享和再利用提供一个虚拟环境。大数据需要高性能计算机，欧洲议会和欧盟委员会除了发展超级计算机之外，已经着眼布局下一代计算机——量子计算，认为量子计算有潜力解决现有超级计算机解决不了的问题。在对外方面，将与欧盟主要贸易伙伴加强网络安全合作，利用数字技术和服务支持非洲发展，将内部考量融入欧盟的对外发展政策中。

四、数字贸易争端解决机制

在互联网出现之前，国际贸易主要发生在企业之间，或者企业与政府之间，通常交易额度较大，争端解决机制主要依靠多边平台，如世界贸易组织，或者双边贸易协定。在对消费者保护方面，虽然国际组织及各国都制定了诸多保护消费者的法律，但是，由于各国法律、标准不同，监管、执行层面遇到诸多障碍。在互联网时代，与数字贸易相关的国际争端解决机制目前尚处于空白，现有的争端解决机制均只是为了解决商家与消费者之间可能出现的纠纷。

（一）替代性争议解决机制

由于通过诉讼解决纠纷耗时耗力，选择法庭外解决纠纷成为人们的选择，所有不包括法庭解决争端的方式都成为替代性争议解决机制（ADR）。它主要包括调解、仲裁、谈判三种形式，具有简单、快速和低成本的特点。争议双方同意使用的 ADR 是独立于各国司法程序外的一套体系，其统一适用避免了因适用不同法域的法律而导致的不确定性。

（二）平台内部解决机制

随着跨境电子商务的发展，国际贸易的参与者逐渐增多，交易方式逐渐转向 B2C、C2C，越来越多的个人（家庭）直接通过网络平台全球购买，低价值的交易逐渐增多，摩擦冲突也呈几何级数增长，每年的纠纷数量以百万、千万计。如果按照传统的方式解决，即法庭诉讼，那么不仅程序繁杂，还耗时耗力，所以，出现纠纷之后，绝大多数消费者往往选择忍气吞声。对线上平台缺乏信心，成为电子商务发展的一个重要障碍。为此，大多数线上平台都会设立接受消费者投诉，与消费者沟通协商解决纠纷的途径。绝大多数消费者争端主要通过平台内部解决，如淘宝、亚马逊等。

（三）线上纠纷解决机制

当平台内部无法解决纠纷时，消费者可求助线上纠纷解决机制（ODR），它是 ADR（Alternative Dispute Resolution，替代争议解决方式）与互联网的融合。联合国国际贸易法委员会将 ODR 定义为"借助电子通信和其他信息通信技术解决争议的一种机制"[1]。国际消费者协会认为，ODR 是完全利用电子手段，争议方解决纠纷无须离开家或办公室的替代性争议解决方案。ODR 包括线上协商、在线仲裁、在线调解三种方式，具有简单、快速、灵活和安全的特征，节约时间成本和金钱成本，是解决小额跨境电子商务纠纷最有效的方式。ODR 不仅适用于小额索赔和线上争议，也适用于大额线下纠纷，是 B2C 电子商务中重要的解决方案，有利于实现高水平的消费者保护。

需要说明的是，ADR、ODR 和平台内部解决机制都是解决纠纷的方式之一，替代不了司法程序，消费者遇到纠纷时可采取这三种之外的其他解决方式。中国解决消费者与商家之间纠纷的 ODR 机构主要有两家：一个是中国国际经济贸易仲裁委员会（CIETAC），另一个是中国在线争议解决中心（China ODR）。

---

[1]　A/CN.9/WG. Ⅲ /WP.117-Online dispute resolution for cross-border electronic commerce transactions: draft procedural rules.

第八章　世界数字经济发展战略

数字经济作为新一轮科技革命和产业变革的新型经济形态，正成为全球产业发展与变革的重要引擎。世界各国深入实施数字经济发展战略，不断完善数字基础设施，加快培育新业态新模式，以推进数字产业化和产业数字化。本章主要讲述世界数字经济发展战略，从国际组织数字经济发展战略、主要国家数字经济发展战略以及中国数字经济发展战略三方面展开介绍。

第一节　国际组织数字经济发展战略

基于数字经济对全球经济社会发展的重要作用，世界银行、世界经济论坛、经济合作与发展组织、亚太经合组织、全球移动通信系统协会、二十国集团、国际电信联盟、联合国、国际货币基金组织等国际组织均通过设置相关研究项目，提出各种举措大力推动数字经济发展。

一、世界银行

随着数字技术的不断发展，近年来世界银行把发展数字经济作为一种重要手段，来促进全球脱贫、就业与经济持续增长。近年来，在世界银行投资的项目中，一半以上的项目都涉及数字技术与数字经济。2016 年发布《2016 年世界发展报告》，聚焦"数字技术的全球推广与数字红利的实现"问题，强调数字技术对经济增长环境、公共服务效率以及全球公平性的重要性，并强调只有通过促进数字技术投资改革、加大数字技术投资力度，才能够获得就业增加、经济发展与服务水平提升等数字技术红利。2021 年，世界银行发布《2021 年世界发展报告：数据改善生活》，呼吁加强国家数据系统，以便发挥数字革命的全部潜力来改变贫困人口的生活。

二、世界经济论坛

世界经济论坛在促进数字经济发展方面也做了诸多工作。世界经济论坛分别于 2016 年、2020 年发布《未来就业报告》，探讨第四次工业革命下的就业、技能和劳动力战略，以实现数字经济的快速发展。2016 年 3 月发布的"E15 项目"，提出开展数字经济与数字贸易研究、开启相关规则谈判及国际合作的建议。2016 年 7 月，世界经济论坛发布《2016 年全球信息技术报告——数字经济时代推进创新》报告，指出全球正迈进第四次工业革命，而信息与通信技术（ICT）是这场革命的中坚力量。2021 年 9 月，世界经济论坛发布《利用人工智能加速能源转型》白皮书，指出人工智能通过用电、电价、天气数据，可识别其中的数据模式，实现物理资产的智能协调与能源系统的自动化。针对数字经济发展过程中暴露出的数字安全问题，2021 年 6 月，世界经济论坛发布《推进数字安全：协调全球行动的框架》的报告，指出全球数十亿人使用的数字平台正在被滥用，同时具有一些误导性的不健康信息在传播，不利于人们的健康成长，这是急需关注的数字安全议题。

三、经济合作与发展组织

经济合作与发展组织（OECD）常年关注全球化带来的经济、社会和政府治理问题，对全球经济社会发展具有广泛影响力。OECD 持续跟踪数字经济的最新进展，将其设置为常态化议题。早在 1995 年，OECD 就详细阐述了数字经济可能的发展趋势，提出在互联网技术革命的推动下，人类发展将由原子加工过程转变为数字信息加工处理过程。2011 年，OECD 对数字经济进行测算，从互联网普及率、宽带（移动宽带）、（移动）应用活跃度、云计算、大数据价值、电子商务、信息产业贡献率和创新性、创业企业、风险投资、就业、隐私、数据安全等方面进行调研和数据统计，以此评判 OECD 国家的数字经济发展水平。OECD 定期发布考察和记述数字经济发展进程和新兴机遇与挑战的旗舰报告，2015 年 7 月发布第一期报告，指出数字经济的发展具有相当大的潜力，明确指出其在固定和移动网络基础设施、移动通信的无线频谱资源、企业的信息技术和网络应用、基于合作的新商业模式、数字经济在消费者中的普及五个方面存在发展空间。2017 年

10月和2020年11月相继发布《OECD数字经济展望》，分别就数字化转型如何影响经济和社会发展及新冠疫情下加速数字化转型问题进行阐述。

四、亚太经合组织

亚洲太平洋经济合作组织（Asia-Pacific Economic Cooperation，APEC）是亚太地区级别最高、最具影响力的经济合作官方论坛，在推动区域贸易投资自由化和加强成员间经济技术合作，促进地区经济发展和共同繁荣方面作出了突出贡献，已成为连接太平洋两岸国家和地区的一条重要纽带。

APEC自1998年起就陆续在电子商务、新经济领域达成了《APEC电子商务行动蓝图》。随着经济的发展，互联网和数字经济议题几乎已广泛渗透APEC各委员会和工作组，体现了APEC各成员多年来对数字经济发展的高度共识和热情。2014年，APEC领导人在北京批准《亚太经合组织经济创新发展、改革与增长共识》，通过《亚太经合组织促进互联网经济合作倡议》，首次将互联网经济引入APEC合作框架。2017年发布了《APEC互联网和数字经济路线图》，以便促进成员经济体间的技术和政策交流，以及促进创新、包容和可持续增长，并弥合APEC地区的"数字鸿沟"。2020年11月发布了《2040年亚太经合组织布特拉加亚愿景》。在数字经济方面，APEC成员一致表示，将推动数字经济新业态新模式发展，推动亚太人民和工商界更好参与和引领数字时代的全球经济发展。2021年，APEC成立贸易和投资委员会数字经济指导组，开展"数字经济背景下促进包容与负责任商业行为研讨会"，成立APEC中国工商理事会数字经济委员会，利用平台不断创造成员经济体间技术和政策交流机会。2021年6月召开的APEC第二十七届贸易部长会议强调，加快亚太自贸区建设，进一步促进区域经济深度融合。各方更加重视发展数字经济，鼓励技术创新，培育新业态。

五、全球移动通信系统协会

全球移动通信系统协会（Global System for Mobile Communications Assembly，GSMA）是一个全球性组织，是一个统一的移动生态系统。GSMA代表移动生态系统和相邻行业的移动运营商和组织，为其成员提供三大支柱：良好的连接、行业服务和解决方案。全球移动通信系统协会致力于弥合数字鸿沟，根据该协会于

2020 年 2 月发布的数据，全球移动网络已覆盖全球约 94% 的人口，其中，近 42 亿人使用移动互联网，占全球人口的一半以上。这得益于移动通信行业多年来对网络基础设施的持续投资，使全球移动网络的"覆盖差距"逐渐缩小。

全球移动通信系统协会发布的《2022 全球移动经济发展》报告指出了数字化转型的成就，同时并提出成功的数字化转型，需要政府各个层面提供利好政策来支持长期数字化战略，为普通大众积极提供数字技能培训，保证更多公民能够使用重要的数字服务及联网设备，利用公共资金促进互联互通，采用合理、合适的方式对移动行业征税，重点发展政务数字化转型。

六、二十国集团（G20）

1999 年 12 月，二十国集团（G20）在德国柏林成立，由原八国集团（G8）及其余 12 个重要经济体组成，旨在推动工业化发达的国家和新兴市场国家之间就实质性问题进行开放及有建设性的讨论和研究，以寻求合作并促进国际金融稳定和经济的持续增长。作为一种非正式国际机制，G20 的定位是在发达经济体与新兴经济体之间寻求政治共识。从 2016 年 G20 中国峰会开始，数字经济已经成为 G20 国家讨论的核心议题之一，被视为关键的经济增长动力。

在 2015 年土耳其安塔利亚峰会上，G20 领导人认识到，我们生活的互联网经济时代给全球经济增长带来的机遇与挑战并存。2016 年 9 月，G20 杭州峰会首次提出全球性的《二十国集团数字经济发展与合作倡议》（简称《数字经济倡议》），认为数字经济将提供新角度和新思维，通过推动新工业革命的技术、要素和组织变革，提高全要素生产率和潜在增长率，提升中长期增长潜力，开启世界经济增长前景的全新评价和发展模式，重点讨论了宽带接入、信息通信技术领域投资、创业和数字化转型、电子商务、数字包容性及中小微企业发展等议题。自此，数字经济连续几年成为 G20 峰会的核心议题之一。

2017 年担任 G20 主席国的德国延续了 G20 杭州峰会的成果，首次发起数字经济部长级会议，数字经济工作组也应运而生。G20 德国峰会期间，发布了《二十国集团数字经济部长宣言》及其 3 个附件《数字化路线图》《数字技能的职业教育及培训》《二十国集团关于数字贸易的优先事项》，重点讨论新工业革命、数字经济测度、数字经济工作技能、缩小数字性别鸿沟和数字政府等议题。

2018年阿根廷担任主席国期间，G20继续举行数字经济部长会议并发布《二十国集团数字经济部长宣言》及其4个附件《二十国集团数字政府原则》《弥合数字性别鸿沟》《数字经济测度》《加快部署数字基础设施以促进发展》，重点讨论了数字政府、弥合数字鸿沟、数字经济测度、加快部署数字基础设施、新兴数字技术、数字化背景下的企业家和中小微企业、未来就业和消费者保护等议题，并在国际电信联盟的支持下建立了C20数字政策知识库。会议期间，还开发了G20衡量数字经济工具包，旨在评估和提议可行的数字经济测量方法，用于支撑政策制定，诊断数字经济的挑战与机遇，识别可以解决的公共政策问题，指导各国标准化核算。

2019年，G20部长级会议在日本大阪举行。这次峰会通过了《二十国集团贸易与数字经济部长宣言》及1个附件《二十国集团人工智能原则》，重点讨论了如何充分利用数字技术、贸易和投资，以及借助技术转型和全球化来推动实现可持续、创新型的全球社会的问题，并提出了"G20人工智能原则"。这次峰会还发表了《数字经济大阪宣言》，启动了"大阪轨道"，同意在WTO框架下就数字经济国际规则制定、数据跨境流动等问题进一步展开讨论，以促进数字经济发展。G20首次提"有信任的数据流动"，并最终被纳入2019年度数字经济部长宣言和领导人宣言。

G20积极推动国际层面数字经济测量。2020年，G20数字经济任务组公布《数字经济测量通用框架路线图》，发展并进一步细化数字经济的定义和可供国际比较的数字经济指标体系。2020年，G20沙特会议主要关注数字经济测度议题的研究，讨论数字经济的定义、数字供需表，最终导出的所有指标，以及各国之间数字经济规模可比性等问题。

2022年，G20峰会在印度尼西亚巴厘岛举行，这次峰会通过了《二十国集团领导人巴厘岛峰会宣言》，提出加强全球卫生基础设施、数字化转型和可持续的能源转型三大优先议题。在数字化转型方面，相关会议主要讨论数字经济领域的重要问题，聚焦为世界创造更加包容的数字化转型环境。

七、国际电信联盟

国际电信联盟简称为"国际电联"，是联合国的一个重要专门机构，主管信息通信事务，负责分配和管理全球无线电频谱与卫星轨道资源，制定全球电信标准，向发展中国家提供电信援助，促进全球电信发展。信息和通信技术（Information and Communications Technology，ICT）发展指数（ICT Development Index，IDI）是一个综合指数，由国际电信联盟（International Telecommunication Union）于 2009 年发布。2017 年，国际电联将 11 个指标合并为综合得分，并用于监测和比较国家之间一段时间内信息和通信技术的发展。IDI 只发布了 2009 年至 2017 年的数据。2017 年 3 月，ICT 家庭指标专家组（EGH）和电信 /ICT 指标专家组（EGTI）召开了一次特别会议，通过了一套经修订的 14 项指标，将纳入 IDI。然而，随着指标从 11 项向 14 项的转变，各国在收集和提交高质量数据方面都面临着挑战。例如，对于 2018 年 IDI 的计算，必须估计 58% 的数据点，所用数据的统一和质量以及用于推导一些新采用的指标的方法也存在问题。由于这些缺陷，人们无法计算出反映通信技术发展的真实状况。2018 年，由于电信 /ICT 指标专家组（EGTI）和 ICT 家庭指标专家组（EGH）未能达成共识，发布 IDI 或制定一个全新的指数的尝试均未成功，在 2021 年 6 月的虚拟磋商中，国际电联行政理事会（国际电联在全权代表大会闭会期间担任理事机构）同意，关于 IDI 未来的进一步讨论和任何决定都推迟到下届全权代表大会。因此，在另行通知之前，该理事会不会发布任何内容。

IDI 的 2017 年版发布在《2017 年衡量信息社会报告》中，结果仍可通过 IDI 可视化工具获取。然而，考虑到通信技术的迅速发展，这些结果基本上已经过时了。因此，用户在使用结果并得出有关一个国家当前数字发展状况的结论时应格外注意。

八、联合国

联合国（United Nations，UN）高度关注数字经济的发展，从 2005 年开始连续发布"信息经济系列"（Information Economy Series）相关内容。报告每期分别以不同的主题开展数字经济 / 信息经济最新发展的讨论，其主题涵盖电子商务、科技发展、ICT 企业与贫困、ICT 与私人部门发展、国家软件系统、数据跨境流动和云计算等领域，探讨了数字经济的形态及其所带来的广泛的经济社会影响。

九、国际货币基金组织

近年来，国际货币基金组织（IMF）进行着大量与数字经济有关的重要活动：调查数字化对财政政策的潜在影响、继续研究数字经济的衡量问题、制定数字时代的数据和统计总体战略、启动数字化平台建设和制定数字战略工作。

2019年，国际货币基金组织发布报告《中国数字经济：机遇和风险》，指出近年来中国数字经济快速发展，但经济数字化的平均水平仍不及发达经济体的问题。政府应当发挥主导作用，最大化数字化优势的同时减少有关风险，诸如潜在的劳动力中断、隐私侵犯、新兴寡头垄断以及金融风险等。同年，国际货币基金组织发布了《数字货币的崛起》（*The Rise of Digital Money*）专题报告，对电子货币、投资货币等新兴数字货币形式进行了详尽讨论。2021年，国际货币基金组织发布一篇论文，称组织计划"加强"对数字货币的监控，IMF必须增加资源，以寻求"监控、建议和帮助管理这一影响深远且复杂的数字货币转型"，以避免数字鸿沟出现。同年，国际货币基金组织主持编写的《公共财政的数字化变革》一书指出，通过数字化，政府可以更快地获得更多、质量更好的经济活动信息，并且有效降低成本，提高服务效率。

第二节　主要国家数字经济发展战略

《世界互联网发展报告2021》指出，数字经济成为世界各国加快经济社会转型的重要选择。各国加快新型基础设施布局，以5G、人工智能、物联网、工业互联网、卫星互联网为代表的新型信息基础设施逐步成为全球经济增长的新动能。为了在第四次工业革命中抢占先机，美国、欧盟、英国、日本等发达经济体积极制定数字经济发展战略，大力推动数字经济发展，以此实现国家和地区国际竞争力的提升。

一、美国数字经济发展战略

美国是互联网的发源地，从20世纪90年代起就开始推出一系列支持数字经济发展的政策，推动了数字经济的高速发展，并通过促进数字技术与传统产业的深度融合，大大提高了传统产业在设计、生产、销售和运输等各个环节的效率，推动了劳动生产率的加速增长，进一步巩固了美国全球创新中心的地位。

作为互联网的发源地，美国一直重视信息通信技术产业的发展，从 20 世纪 90 年代起就开始推动数字经济发展，从《国家信息基础设施行动计划》《浮现中的数字经济》《数字经济议程》到《互联网未来宣言》等一系列报告的发布，美国经济日趋走向成熟且一直保持全球领先地位。美国数字经济发展的不同阶段及相应战略 / 政策如下所示。

第一阶段：开启信息技术发展大幕（1993—1997 年）。

1993 年 9 月克林顿政府推出《国家信息基础设施行动计划》（The National Information Infrastructure：Agenda for Action），开启了信息技术发展大幕。该计划从五大方面阐述了在国家信息基础设施（N Ⅱ）建设和发展方面的主要职责和拟采取的行动，并计划通过推动全球信息基础设施（Global Information Infrastructure，G Ⅱ）建设，促进全球信息通信市场的开放与公平竞争，该计划在世界范围内产生了重要影响。随后，根据数字技术和国民经济的发展，美国陆续出台了多项措施来完善基础设施、发展数字经济。1996 年，美国国会通过了《电信法案》，鼓励电信网络企业之间业务的交叉渗透和兼并重组，实现电信业务领域的公平竞争。同年，《下一代网络计划》出台并实施，旨在促进网络的更新换代，解决原有网络设施陈旧落后、不堪重负的问题。

第二阶段：数字经济发展（1998—2014 年）。

1998 年，美国商业部发布《浮现中的数字经济》研究报告，在信息技术扩散和渗透的推动下，对从工业经济走向数字经济的发展趋势，作出了极富预见性的轮廓描述，被称为数字经济 1.0 时代。该报告深入分析了数字革命、互联网、网络零售的特点以及信息技术对经济的影响，对正在兴起的数字经济提供了大量全新的、详细的实证和案例，对美国经济增长的新动向进行了新的诠释，开启了美国数字经济发展新时代，促进了美国数字经济蓬勃发展，也奠定了美国在全球数字经济中领头羊的地位，描述了人类社会从工业经济走向数字经济的发展趋势，在全球引起巨大反响。随后，美国商务部发布《新兴的数字经济》（1999 年）《数字经济》系列报告，持续关注数字经济的发展及影响。

2003 年 2 月，美国政府公布了《确保网络空间安全的国家战略》。该报告确

定了在网络安全方面的三项总体战略目标和五项具体的优先目标。该报告明确规定，美国国土安全部将成为联邦政府确保网络安全的核心部门，并且在确保网络安全方面充当联邦政府与各州、地方政府和非政府组织，即公共部门、私营部门和研究机构之间的指挥中枢。美国自 2011 年起发布《联邦云计算战略》（2011 年），确立了智慧制造四个方面的优先行动计划。2012 年 3 月，奥巴马政府发布了"大数据的研究和发展计划"，该计划涉及美国国家科学基金等六个联邦政府部门，旨在提高从海量数字数据中提取知识和观点的能力，从而加快科学与工程发现的步伐。

第三阶段：数字经济成熟（2015 年以后）。

2015 年 11 月，美国商务部发布《数字经济议程》，该议题主要有四项：构建自由开放的全球互联网，推进网络诚信，确保工人、家庭和公司的宽带入网，通过灵活知识产权规则和新技术促进创新。该议程的发布标志着美国的数字经济发展走向成熟阶段。

为提升美国在 5G 基础设施和系统方面的领导地位，2017 年 3 月，美国国家电信与信息管理局（NTIA）与国家科学基金会（NSF）联合发布《国家宽带研究议程》报告，指出美国未来宽带发展的关键领域。2018 年，白宫发布《美国国家网络战略》，在"促进美国繁荣"的支柱下，提出要培育充满活力与弹性的数字经济。2020 年 1 月，美国众议院投票通过了《促进美国在 5G 领域的国际领导地位法案（2019）》。该法案旨在加强美国在 5G 领域的国际领导地位，明确美国及其盟国、合作伙伴应在第五代及下一代移动电信系统和基础设施的国际标准制定机构中保持参与和领导地位。2020 年 3 月，美国白宫发布《美国 5G 安全国家战略》，正式制定了美国保护第五代无线基础设施的框架。2021 年 11 月，美国发布《基础设施投资和就业法案》，该法案的实施有助于缩小数字鸿沟，并使每个美国人都能获得高质量、负担得起的宽带。2022 年 4 月，美国商务部与全球 60 个合作伙伴一起发起了《互联网未来宣言》，再次承诺实现全球互联网作为开放和创新平台的愿景，同时促进和保护人权。

在数据使用及安全方面，2016 年美国先后发布了《网络安全国家行动计划》和《关于保护数字经济安全的报告》，提出从加强网络基础设施建设、专业人才队伍建设方面入手，全面提高美国在数字空间的安全。2016 年底，美国商务部成立数字经济咨询委员会，为政府部门、企业和消费者提供发展数字经济的建议。2019 年 12 月，美国白宫行政管理和预算办公室发布了《联邦数据战略与 2020 年行动计划》（简称《数据战略》）。《数据战略》确立了 40 项具体数据管理实践。总体可分为三个层面：

第一，建立重视数据并促进数据共享使用的文化。

第二，保护数据，如保护数据完整性、确保流通数据的真实性、确保数据存储的安全性、允许修改数据提高透明度等。

第三，探索有效使用数据的方案，如增强数据管理分析能力、促进数据访问的多样化路径等。

为了争夺在人工智能领域的领导地位，美国发布了一揽子计划。2018 年 10 月，美国政府发布《美国先进制造业领导力战略》，在抓住"智能制造系统的未来"战略目标下，提出包括智能与数字制造、先进工业机器人、人工智能基础设施等在内的三个具体优先事项。2018 年 12 月，美国公布《国家量子倡议（NQI）法案》，授权 5 年内投资 12 亿美元，以巩固其在量子信息科学和技术领域的领导地位。2018 年，美国继续升级数字经济战略。同年 3 月，美国国际战略研究所发布《美国机器智能国家战略报告》，提出六大国家机器智能策略，旨在通过对产品研究与开发的长期资金支持，促进机器智能技术安全发展，并通过加强创新基地巩固美国领先地位。2019 年 2 月，特朗普签署行政命令，启动《美国人工智能计划》，就美国联邦政府层面人工智能（AI）的研究、推广和培训作出全面部署，以确保美国在 AI 研发及相关领域的全球领先优势。2021 年 8 月，美国国土安全部（DHS）科技司发布《人工智能与机器学习战略计划》，提出开展人工智能 / 机器学习（AI/ML）的三大目标：推进下一代 AI/ML 技术，实现跨领域的国土安全能力，推动在国土安全相关工作中使用经验证的 AI/ML 能力，建立一支接受过跨学科 AI/ML 培训的员工队伍的战略目标。2021 年 6 月，美国参议院以 68 票赞成、32 票反对的结果投票通过对华一揽子立法——《2021 年美国创新与竞争法案》（S.1260），旨在促进美国半导体、人工智能及其他技术的发展，应对日益激烈的国际竞争，尤其是对抗中国日益增长的影响力。

不断完善与升级的数字经济战略，大大促进了美国的信息基础设施建设，数字鸿沟不断缩小，网络信息安全得到进一步加强，推动了美国数字经济的迅猛发展，数字经济规模以及数字经济综合实力始终保持全球领先，成为美国经济增长的新动能。

二、欧盟数字经济发展战略

欧盟一直重视数字经济发展，并实施了相应的数字经济战略。欧盟的数字经济政策可以分为五个阶段，如下所示：

第一阶段，以 1993 年《成长、竞争力与就业白皮书》的发布为标志，白皮书首次提出建设欧洲信息社会具体意见，并重点加快网络基础发展。

第二阶段，以 2000 年 3 月《里斯本战略》的达成为标志。欧盟 15 国领导人在葡萄牙首都里斯本举行特别首脑会议，达成并发布了《里斯本战略》，其目标是希望通过鼓励创新、大力推动信息通信技术的应用与发展，探索面向知识经济的下一代创新，即创新 2.0，其目标是使欧盟在 2010 年前成为"以知识为基础的、世界上最有竞争力的经济体"并以电子政务、电子医疗和卫生、电子教育与培训、网络零售四大主要应用为发展支柱。

第三阶段，以 2005 年《i2010 欧洲信息社会：促进经济增长和就业》为起始标志，欧盟委员会提出了欧盟信息社会和媒体发展政策的三个优先领域：建设"单一欧洲信息空间"，催生开放、竞争的信息社会和媒体内部市场；加强 ICT 研究的创新和投资，以期促进增长、创造更多更好的工作岗位；建立高度包容的欧洲信息社会，促进增长和就业持续协调发展，优先提供更好的公共服务和提高生活品质。这一战略在《里斯本战略》的基础上有所更新，并开启了新的历程。

第四阶段，以 2010 年的《欧洲数字议程》为标志，《欧洲数字议程》分析了影响欧盟信息技术发展等障碍，包括数字市场间的壁垒、缺少可操作性、网络犯罪增加与风险、缺少投资研发与创新不够、社会缺少数字技术知识普及、未能应对社会大挑战。欧委会针对这些问题，提出了几个方面的解决方案：建立一个新的数字市场，让数字时代的各种优势能及时共享；改进信息技术领域的标准与互操作性；增强网络信任与安全措施；增加欧盟对快速和超速互联网的接入；加强信息技术的前沿研发与创新；加强全体欧洲人的数字技能与可接入的在线服务；释放信息技术服务社会的潜能，应对社会各大挑战。

第五阶段：数字经济高速发展（2015 年以后）。

目前，欧盟数字化战略布局的重点是从数字单一市场、数据保护、人工智能等领域推动数字经济发展。

在单一数字市场建设方面，为促进数字经济更好更快地发展，欧盟采取协调一致的战略，共同推动建立数字化单一市场。为了打破成员国间的数字市场壁垒，2015 年欧盟委员会启动《数字化单一市场战略》，该战略提出了建设单一数字市场的三大重点领域：一是为个人和企业提供更好的数字产品和服务，二是创造有利于数字网络和服务繁荣发展的环境，三是最大化实现数字经济的增长潜力。该战略还包括整合欧盟区域内的电信法规、加强网络安全以及促进更高效廉价的物流服务等 16 项具体措施。2020 年 2 月，欧盟委员会公布《欧盟数据战略》，围绕欧盟单一数据市场目标提出了四项具体落实政策：构建成员国间统一的数据治理框架；加强对数据基础设施领域的投资；尊重公民数据权利和加强数据专业人才建设；构建核心行业和公共利益领域的统一数据空间。从数字单一市场到单一数据市场战略的演进，说明数据要素资源在数字经济发展中的作用越来越明显，欧盟利用其优势，在推进单一市场战略的进程中将重心逐渐聚焦在单一数据市场建设领域，致力于在欧盟境内建设共同的数据空间，促进数据要素在其内部的自由流动。

在提升数据保护力度方面，2018 年 5 月，欧盟正式实施的《通用数据保护条例》建立了完备的个人数据保护制度。2018 年发布的《建立一个共同的欧盟数据空间》，提出了建立欧盟共同数据空间的多项举措。2019 年 3 月，欧盟委员会官网发布了《5G 网络安全建议》，提出了一系列具体措施建议，以保证欧盟范围内 5G 网络的高度安全性。2020 年 6 月，欧洲数据保护监管局发布《欧洲数据保护监管局战略计划（2020—2024）：塑造更安全的数字未来》，报告认为，数字技术对自然资源的负面影响越来越大，要积极主动地开发工具，使欧盟成为数据保护方面的世界领导者。2020 年 12 月，欧盟委员会公布了《数字市场法案》和《数字服务法案》，通过制定全面新规则，促进数字市场的公平和开放。其中，《数字服务法案》规定了数字服务商应承担的义务，为在线平台创设了强有力的透明度要求和问责机制；《数字市场法案》针对"守门人公司"（数字巨头）加强规制与监管，以促进欧洲数字市场的创新、增长和竞争。同时期，欧盟委员会发布最新的《网络安全战略》，利用监管、投资和政策工具，解决网络安全问题，完善既有网络安全制度，建构新的协调机制，引领和打造更安全的网络空间。2021 年 3 月，欧盟委员会发布《2030 数字指南针：欧洲数字十年之路》计划，为欧盟到 2030 年实现数字主权的数字化转型愿景指出方向，旨在构筑一个以人为本、可持续发展的数字社会。2022 年 4 月，欧洲议会和欧洲理事会就《数字服务法案》达成临时政治协议，旨在为用户提供更安全、更开放的数字空间。《数字服务法案》与《数字市场法案》一起，作为欧洲对欧盟委员会、欧盟成员国和其他司法管辖区不断推动数字化进程的积极回应，内容涉及大型在线平台的相关竞争与责任问题，未来将会在宏观层面上对欧洲乃至全球的社会经济生态产生重大影响。

在人工智能战略方面，欧盟不断升级人工智能战略。2018 年 4 月，欧盟发布《欧盟人工智能战略》，该战略部署了欧盟人工智能领域的技术研发、道德规范制定及投资规划。2018 年 4 月，欧盟通过了《人工智能合作宣言》，旨在增强公共和私营部门对人工智能的吸收，为人工智能带来的社会经济变化做好准备；同时，希望增进成员国之间的合作，不断提升欧洲人工智能的研发能力，共同发展和推动人工智能的应用。2018 年 12 月，欧盟发布《促进人工智能在欧洲发展和应用的协调行动计划》，该计划旨在最大程度发挥欧盟和各成员国人工智能相关投资的作用，促进欧盟内部人工智能研发和应用的协调与合作，从而确保欧盟作为一个整体参与全球竞争。

在一系列数字经济政策的支持下，欧盟的数字经济取得了长足的发展，促进了欧盟及各成员国数字产业及传统产业的数字化转型，提升了欧盟经济的创新能力与竞争力。但是欧盟各成员国在数字经济发展方面并不均衡，一些欧盟成员国数字化程度已跻身世界前列，如德国；但有些成员国的发展相对滞后，这些国家已经比欧盟平均水平落后，并且增长乏力，与欧盟其他国家的差距越来越大。因此，欧盟未来的数字经济战略不但会延续之前的政策精神，而且，会着力缩小成员国之间的数字鸿沟，促进欧盟成员国的协调发展，提升欧盟整体的数字竞争力。

三、英国数字经济发展战略

英国一直处于全球信息技术发展的绝对领先梯队，在英国政府的大力扶持下，英国的数字经济得到了迅猛发展，成为带动英国经济快速发展的关键力量。英国数字经济整体发展水平较高，行业发展比较均衡，但仍然体现出第三产业高于第二产业，第二产业高于第一产业的典型特征。值得一提的是，英国的数字经济在农业中的渗透率是全球最高的，领先于德国、美国等许多发达国家。

近些年来，英国出台了许多促进数字经济发展的政策，包括《数字英国》（2009年）《信息经济战略2013》（2013年）《英国数字经济战略（2015—2018）》（2015年）《英国数字战略》（2017年）等，英国的数字经济战略分为四个阶段。

第一阶段：数字英国（2009—2012年）。

为应对2008年全球金融危机导致的英国经济衰退，以及适应国际经济形势新变化，2009年英国政府发布《数字英国》计划，数字化第一次以国家顶层设计的形式出现。该计划从国家战略的高度，为英国数字化进程设立了具体的目标，定下了一系列有关资金投入、基础设施建设、相关机构设立等方面的措施。在《数字英国》计划的引导下，英国数字化进程加快。在数字化基础设施和架构建设以及数字安全方面的大力投入，为英国日后数字经济的发展奠定了坚实的基础。计划中所强调的"打造数字文化创意产业环境"和"从民众角度提供数字内容"也成为英国数字经济领域文化产业和分享经济发展的重要推动因素。因此，《数字英国》的发布被视为英国数字经济发展正式启动的起点。

第二阶段：信息经济战略（2013—2014年）。

英国政府在2013年发布了《信息经济战略2013》，该战略旨在建设一个蓬勃发展的信息经济，该战略与《数字英国》计划紧密相连，但又着重于数字化对经济发展带来的变化，将数字经济单独作为一个概念进行了细致的剖析，并设立了四大目标：建立一个强大的创新型信息经济部门，并推向全世界；促进英国企业特别是中小企业积极使用信息技术；确保公民从数字时代受益；从人才储备与基础设施方面保证信息产业的发展。该战略通过分析当时英国数字经济发展情况及未来将要面对的机遇挑战，制定了发展目标及行动纲要，明确了英国信息经济的发展方向。

第三阶段：数字经济战略（2015—2016年）。

2015年2月，英国政府出台《英国2015—2018年数字经济战略》，旨在通过数字化创新来驱动社会经济发展，并把英国建设成为数字化强国。该战略的首要目标是发展数字经济，每年将安排1500万英镑的专项资金用于支持各项创新型的商业计划项目，力求通过"创新英国"这一"英国2015—2018年数字经济战略"

的主体来实施各个项目，促进英国各个企业采用信息通信技术进行创新，实现在创新技术背景下的跨行业合作，建立起新型供应链以及商业模式。《数字经济战略》不仅延续了《数字英国》《信息经济战略2013》等数字战略的核心精神，该战略还提出了一些新内容，例如，确保数字经济发展的可持续性、关注日渐增大的数字鸿沟及物联网和大数据等新技术带来的新机遇等，同时规定了严格的时间界限，从而使得目标更加具体、具有更强的可操作性。对该战略的实施，英国政府强调数字化的创新，不仅依赖于信息技术、通信技术以及硬件设施，还依赖于用社会科学、经济学来理解法律和政府监管这两者的角色。

第四阶段：数字化战略（2017年至今）。

英国2017年发布最新的《英国数字战略》，对未来英国在脱欧后打造世界领先的数字经济和全面推进数字转型进行全面而周密的部署。2017年5月，《数字经济法案》正式生效。该法案引入宽带普遍服务义务（USO），英国每个家庭和企业都有权获得最低速率为10Mbps的宽带服务；赋予终端用户便捷切换运营商的权利，并确保出现问题时获得适当的补偿；通过设定访问应用程序的年龄验证、对垃圾邮件发件人和骚扰电话呼叫者进行处罚、增加对在线版权侵犯的量刑选项等措施，以此保护在线消费者的相关权益。

英国于2018年继续升级数字经济发展战略，2018年1月发布《数字宪章》。《数字宪章》制定了网络空间的规范和准则，确保网络环境安全，为英国数字经济的发展壮大提供条件。2018年4月发布的《产业战略：人工智能领域行动》，承诺将采取切实行动加强人工智能基础设施建设，推进人工智能的发展，打造最佳的创业环境及世界最具创新性经济体。2018年6月发布的《国家计量战略实施计划》，是对2017年发布的《国家计量战略》的行动响应，该计划提出五大目标及具体措施，为英国利用其世界领先的国家计量系统构建实施框架。

可以看出，近年来英国的数字经济战略主要在于大力推动数字经济创新发展，打造数字化强国。

2019年，英国通过对旧版本《数字服务标准》的升级和优化，发布最新版本的《数字服务标准》，从之前的18项服务标准缩减至14项，对相对滞后的服务标准进行优化的同时，对原有标准又进行了升级完善。2020年9月9日，英国发布《国家数据战略》（National Data Strategy），旨在进一步推动数据在政府、企业、社会中的使用，并通过数据的使用推动创新，提高生产力，创造新的创业和就业机会，改善公共服务，帮助英国经济尽快从疫情中复苏。2021年1月6日，英国人工智能委员会（UK AI Council）发布《人工智能路线图》（AI Roadmap），为英国政府部门设定长期目标并提出近期发展方向建议，并呼吁政府制定国家人工智能战略，明确优先领域并制定时间表，以使英国成为最适合AI发展的国家之一。2021年9月，英国政府发布《国家人工智能战略》，阐述了其人工智能战略愿景，致力于为英国未来10年人工智能发展奠定基础。同时，该战略并不是孤立存在的，而是有目的地支持和扩大其他相互关联的政府工作，包括已发布的《增长计划》《创新战略》《综合评估》《国家数据战略》《数字监管计划》，即将推出的《国家网络战略》《数字战略》《国家复原力战略》，以及新的国防人工智能中心、国家安全技术创新交流中心等。2021年12月，英国政府发布了《2022年国家网络空间战略》（National CyberStrategy 2022）。该战略指出，网络力量正日益成为国家力量的重要杠杆和战略优势的源泉，最有能力应对数字时代机遇和挑战的国家未来将更安全、更有弹性、更加繁荣。2022年1月，英国政府发布了《政府网络安全战略2022—2030》，该战略旨在树立英国作为网络大国的权威，具体规定了政府在面对不断变化的网络风险时将如何建立和保持其弹性的措施。

四、日本数字经济发展战略

日本关于数字经济的顶层设计起步较早，可追溯到1995年《面向21世纪的日本经济结构改革思路》中关于重点发展通信、信息等相关资本技术产业的安排。伴随着日本产业结构向知识密集型转型而趋于成熟，自2000年以来，数字经济政策经历了三个阶段。

第一阶段是2000—2012年。这一阶段日本注重数字信息技术在经济社会的应用，先后推出《e-Japan战略》（2001）、《u-Japan战略》（2004）、《i-Japan战略》（2009）等计划。2001年1月22日，日本内阁所属的IT战略总部发布的《e-Japan战略》，提出通过实施四大举措，使日本在5年内成为世界上最先进的信息化国家：一是建立超高速互联网，提供最先进的数据业务和互联网接入；二是制定电子商务发展政策；三是实现电子政务；四是培育新时代高素质信息技术人才。《e-Japan战略》使2001年成为日本宽带市场转折的一年。

为配合《e-Japan 战略》的实施，日本在 2004 年推出了基于物联网的国家信息化战略，称为《u-Japan 战略》战略。《u-Japan 战略》的理念是以人为本，实现人与人、物与物、人与物之间的连接。2009 年 7 月，日本政府 IT 战略本部推出《i-Japan 战略》，旨在构建一个以人为本、充满活力的数字化社会。该战略的要点在于实现数字技术的易用性，突破阻碍数字技术适用的各种壁垒，确保信息安全，最终通过数字化和信息技术向经济社会的渗透，打造全新的日本。《i-Japan 战略》由三个关键部分组成：一是建立电子政务、医疗保健和人才教育核心领域信息系统；二是培育新产业；三是整顿数字化基础设施。

总体来说，从《e-Japan 战略》到《u-Japan 战略》再到《i-Japan 战略》，随着时代的变化，日本的信息化建设也实现了"三级跳"。

第二阶段是 2013—2015 年。这一阶段日本强调以机器人革命为突破口，带动产业结构变革，相继出台《日本复兴战略》《创建最尖端 IT 国家宣言》《新成长战略》。2013 年 6 月，日本内阁批准了首相安倍的"三支箭"经济增长战略，该战略包含一系列提振经济增长的举措，称为《日本复兴战略》。2013 年 6 月，日本政府发布了《创建最尖端 IT 国家宣言》，提出以公共数据资源开放和大数据应用为核心，把日本建设成为世界最高水准、信息技术广泛应用的社会。为了实现世界上最高水平的信息化社会，推动科技创新，力争成为世界最尖端的"知识产权国"，日本政府加快推进科学技术创新，2015 年 6 月，日本政府正式公布了《新成长战略》的一揽子经济改革计划。

第三阶段是 2016 年至今，日本致力于"超智能社会 5.0"计划，通过利用人工智能、物联网、大数据等推动向数字化、智能化社会转型，先后发布《科学技术创新综合战略 2016》《日本制造业白皮书》《综合创新战略》《集成创新战略》《第2 期战略性创新推进计划（SIP）》等战略计划。

2016 年，日本政府通过《第五期（2016—2020 年度）科学技术基本计划》，该计划首次提出"超智能社会"的概念。2018 年又先后出台《集成创新战略》《综合创新战略》《第 2 期战略性创新推进计划（SIP）》。其中，《集成创新战略》系统总结了《第五期科学技术基本计划》的经验与不足，提出了包括创新基础建设、科技创新创造等主要领域在内的诸多举措；《综合创新战略》则重点关注了包括人工智能在内的五大领域；SIP 旨在促进科技的研究和开发，实现技术创新，建设超智能社会的目标；2018年6月发布的《日本制造业白皮书》，明确将互联工业作为制造业发展的战略目标。

2019年，日本开始全力推进"数字新政"战略，在"后5G"信息通信基础设施、学校的ICT应用、中小企业信息化和ICT领域研发等方面，加大资金投入力度，推动社会数字化、智能化转型。2019年6月，日本内阁会议发表了《创新综合战略2019》（简称《综合战略》），重点分析了过去一年内日本国内外形势的变化，提出了需要加强和亟待解决的问题，加快落实一系列必要举措，实现超智能社会（Society 5.0）的建设。2021年3月，日本内阁会议通过《第六期科学技术基本计划》，这项计划提出未来5年将投入30万亿日元在人工智能、量子技术和低碳技术等重点领域，这是对超智能社会5.0目标的进一步具体落实。2022年4月，日本内阁发布《AI战略2022》和《量子未来社会愿景（草案）》，旨在加快人工智能和量子技术在日本的发展。

第三节　中国数字经济发展战略

近年来，中国高度重视数字经济发展，出台了《中国制造2025》《国务院关于积极推进"互联网+"行动的指导意见》《国家信息化发展战略纲要》《促进大数据发展行动纲要》《新一代人工智能发展规划》《国务院关于进一步扩大和升级信息消费持续释放内需潜力的指导意见》等一系列重大战略和政策措施。在一系列促进数字经济发展的政策支持下，中国数字经济取得了蓬勃发展。

数字经济在全球快速发展并正在成为驱动全球经济发展日益重要的新动能。中国的数字经济蓬勃发展，正广泛地与传统产业深度融合，成为引领中国经济增长的新引擎，数字经济的发展也受到中国政府的高度重视。

每当新的革命性技术出现，谁先拥抱新技术，谁就将赢得发展先机。数字政府是将数字技术广泛应用于政府管理服务，推动政府治理流程优化和模式创新，不断提高决策科学性和服务效率，打造政府运行新形态。2019年10月，党的十九届四中全会召开，就国家制度和国家治理问题进行专门研究并作出决定，这在党的历史上是第一次。作为坚持和完善中国特色社会主义行政体制、优化政府职责体系的重要内容，全会明确提出推进数字政府建设，强调要建立健全运用互联网、大数据、人工智能等技术手段进行行政管理的制度规则。推进数字政府建设，加强数据有序共享，依法保护个人信息。从发展电子政务到推进数字政府建设，这是以习近平同志为核心的党中央，着眼于推动国家治理现代化的时代要求、遵循政府治理模式发展规律、回应公众新需求新期待作出的战略选择，是对互联网时代如何更好地服务人民群众这一重大课题深入思考基础上的科学回答。

2022 年，国务院发布了《国务院关于加强数字政府建设的指导意见》，其中阐述了建设数字政府的必要性，"加强数字政府建设是适应新一轮科技革命和产业变革趋势、引领驱动数字经济发展和数字社会建设、营造良好数字生态、加快数字化发展的必然要求，是建设网络强国、数字中国的基础性和先导性工程，是创新政府治理理念和方式、形成数字治理新格局、推进国家治理体系和治理能力现代化的重要举措，对加快转变政府职能，建设法治政府、廉洁政府和服务型政府意义重大"[①]，并给出指导意见。

---

① 中国政府网.国务院关于加强数字政府建设的指导意见 [EB/OL].（2022-6-23）[2023-12-6]. https://www.henan.gov.cn/2022/06-23/2473913.html.

参考文献

[1] 聂玉声. 拥抱数字经济挑战与选择 [M]. 北京：文化发展出版社，2023.

[2] 叶开，贾朝心，黄笙发，等. 产业数字经济 [M]. 北京：中国商务出版社，2021.

[3] 南开大学数字经济研究中心编写组. 数字经济与中国 [M]. 天津：南开大学出版社，2021.

[4] 孙毅. 数字经济学 [M]. 北京：机械工业出版社，2021.

[5] 李瑞. 数字经济建设与发展研究 [M]. 北京：中国原子能出版传媒有限公司，2022.

[6] 钱志新. 全新数字经济 [M]. 北京：企业管理出版社，2022.

[7] 彭昭. 数字经济与 5G 新商机 [M]. 北京：北京理工大学出版社，2021.

[8] 聂玉声. 区块链与数字经济时代 [M]. 天津：天津人民出版社，2019.

[9] 杜国臣，李凯. 中国数字经济与数字化转型发展 [M]. 北京：中国商务出版社，2021.

[10] 杜雨，张孜铭. WEB3.0 赋能数字经济新时代 [M]. 北京：中国对外翻译出版公司，2022.

[11] 喻彪，杨刚. 数字化转型与企业杠杆操纵 [J]. 西南民族大学学报（人文社会科学版），2023，44（9）：104-118.

[12] 宋烜懿，柴德强. 加快推进中小企业数字化转型，促进中小企业高质量发展 [J]. 电气时代，2023，（9）：18-20.

[13] 倪克金，刘修岩. 数字化转型与企业成长：理论逻辑与中国实践 [J]. 经济管理，2021，43（12）：79-97.

[14] 胡媛媛，陈守明，仇方君. 企业数字化战略导向、市场竞争力与组织韧性 [J]. 中国软科学，2021，（S1）：214-225.

[15] 毕伟. 数字化协同创新 [J]. 数字经济，2021，（12）：72-75.

[16] 郑嘉琳，徐文华.数字经济助推我国经济高质量发展的作用机制研究——基于区域异质性视角的分析 [J].价格理论与实践，2020，（8）：148-151.

[17] 周爽，刘赟.央行数字货币的现状与前景分析 [J].中国商论，2020，（24）：65-66.

[18] 许宪春.数字经济、数字化技术和数据资产在经济社会发展中的作用 [J].经济研究参考，2020，（24）：96-99.

[19] 数字化经济与金融：新机遇、新挑战 [J].金融市场研究，2020，（12）：1.

[20] 林悦，胡家菁，孙小越，等.数字货币在数字经济中的作用研究 [J].网络空间安全，2020，11（12）：106-110.

[21] 杨庆.数字时代国家税收治理转型研究 [D].长春：吉林大学，2023.

[22] 张茜.数字经济赋能国内大循环的影响研究 [D].大连：东北财经大学，2022.

[23] 余进韬.数字金融的经济增长效应及其机制研究 [D].成都：四川大学，2022.

[24] 熊宇潇.数字金融发展中的创新与监管 [D].杭州：浙江大学，2022.

[25] 单熙哲.数字服务贸易壁垒的贸易抑制效应研究 [D].杭州：浙江大学，2022.

[26] 季顺利.我国数字贸易国际竞争力影响因素研究 [D].北京：北方工业大学，2022.

[27] 刘雨佳.中国数字经济的空间结构及空间效应研究 [D].长春：吉林大学，2022.

[28] 林明慧.数字贸易发展、出口产品质量和制造业服务化 [D].杭州：浙江工商大学，2022.

[29] 李梦.数字经济对中国经济高质量发展的影响研究 [D].重庆：重庆工商大学，2022.

[30] 杜庆昊.中国数字经济协同治理研究 [D].北京：中共中央党校，2019.